Theodore S. Fay

Die Sklavenmacht

Blicke in die Geschichte der Vereinigten Staaten von Amerika zur Erklärung der Rebellion von 1860-65

Theodore S. Fay

Die Sklavenmacht

Blicke in die Geschichte der Vereinigten Staaten von Amerika zur Erklärung der Rebellion von 1860-65

ISBN/EAN: 9783955641870

Auflage: 1

Erscheinungsjahr: 2013

Erscheinungsort: Bremen, Deutschland

EHV
HISTORY

DIE

SKLAVENMACHT.

BLICKE IN DIE GESCHICHTE

DER

VEREINIGTEN STAATEN VON AMERIKA.

ZUR ERKLÄRUNG

DER REBELLION VON 1860—65.

VON

THEODOR S. FAY,

EHEMALIGEM MINISTER-RESIDENTEN DER VEREINIGTEN STAATEN IN DER SCHWEIZ.

DER ERTRAG IST FÜR DIE BEFREITEN SKLAVEN IN AMERIKA BESTIMMT.

BERLIN.

STILKE & VAN MUYDEN.

UNTER DEN LINDEN 19.

1865.

Vorrede.

Während der letzten vier Jahre sind in Berlin zwei Pamphlets über die Amerikanische Frage erschienen; das eine von Mr. Hudson, der sich selbst Legations-Secretair der Vereinigten Staaten nennt; das andere von Hon. James Williams, damaligem Gesandten der Vereinigten Staaten bei der Pforte. Da der Verfasser der folgenden Zeilen die Ehre gehabt, 16 Jahre als Legations-Secretair in Berlin und 8 Jahre als Minister-Resident der Vereinigten Staaten in der Schweiz zu verweilen, und Umstände seinen Aufenthalt in hiesiger Stadt für jetzt erfordern, so hält er es für angemessen, die kolossalen falschen Darstellungen der amerikanischen Angelegenheiten und die verabscheuungswürdigen Verläumdungen gegen den Präsidenten Lincoln, der Vereinigten Staaten Regierung und das amerikanische Volk nicht mit Stillschweigen zu übergehen.

Dieser kurzer Umriss wird dem unpartheiischen, europäischen Leser eine richtigere Vorstellung der Ursachen und der Natur des Amerikanischen Kampfes liefern als die beiden obenerwähnten Pamphlets.

Die Wahl eines Anti-Sklaverei Präsidenten, Mr. Lincoln, welche die amerikanische Rebellion veranlasste, erinnert an die Erzählung der Sibylle von Cumae. Sie bot dem römischen Könige Tarquin II. neun prophetische Bücher zum Kauf an. Er schlug sie des hohen Preises halber aus. Sie kam zum zweiten Mal mit nur sechs

Büchern und ohne von dem Preise abgelassen zu haben. Der König verweigerte wiederum aus demselben Grunde. Sie kehrte zum dritten Mal mit nur dreien zurück, und der König erstaunt und klüger geworden kaufte sie, aber für den Preis, welcher für die neun gefordert worden. Es war indessen zu spät. Er verlor seinen Thron.

Das amerikanische Volk hat einigermassen dieselbe Probe aber mit besserm Erfolge bestanden. Die Gelegenheit sich von der Sklaverei frei zu machen, ist nicht nur drei Mal, sondern mehr als zehn Mal, und jedes Mal mit furchtbareren Hindernissen und grössern Opfern, vom Himmel dargeboten worden. Der Verfasser sagt „dargeboten“ — weil das Volk die Gelegenheit die Sklaverei mit Gewalt abzuschaffen nicht suchte. Sie wurde ihm von den Rebellen unerwartet und brutal aufgedrungen. Es war gezwungen dieselbe zu benutzen, oder die Republik aufzugeben — der immer zunehmenden Hydra entgegenzutreten und sie zu vernichten, oder von ihr vernichtet zu werden.

Der Verfasser hat sich bemüht diese Wahrheit durch eine einfache Darlegung historischer Thatsachen zu beweisen. Er kann sein Erstaunen über die Sympathieen für den Süden nicht verhehlen, so wie über die abgeschmackten Beschuldigungen (alle Thatsachen und alle edle moralischen Fragen ignorirend) gegen Präsident Lincoln und das amerikanische Volk, weil sie den Entschluss gefasst, eine barbarische Rebellion zu unterdrücken und nicht eher nachzulassen, bis sie ihre Aufgabe vollführt hätten.

---

§. 1.

Einleitung.

Der ernste Beobachter kann das Panorama der Geschichte nicht an sich vorübergehen sehen, ohne den fortwährenden Kampf des Guten mit dem Bösen zu erkennen. Eine grosse Schlacht ist immerdar geschlagen worden und leider der Sieg oft auf der Seite des Bösen geblieben. Während ein grosser Theil des menschlichen Geschlechts in Asien, Africa und den Inseln Oceanien's in tiefer Barbarei darnieder lag, ja selbst die aufgeklärten Völker Europa's im Namen, aber selten im Geiste des Christenthums regiert wurden, schien die Entdeckung Amerika's eine Gelegenheit zu bieten, die menschliche Gesellschaft nach weniger selbstsüchtigen Grundsätzen aufzubauen.

Es ist nicht unsere Absicht, eine Geschichte der Vereinigten Staaten zu liefern, sondern einfach in einem kurzen Umriss [1]) zu zeigen, wie dieser Kampf des Guten mit dem Bösen von der alten Welt in die neue übertragen wurde.

Europäische Ansiedler fanden ein Gebiet vor, welches in einer viel früheren Periode von einem nicht mehr bestehenden Volke bewohnt war, dessen Existenz jedoch alte Ruinen bezeugen, die auf eine viel höhere Cultur, als die der Nordamerikanischen Indianer schliessen lassen. Vielleicht haben die Montezumas oder die Azteks, indem sie sich vor den

---

1) Wir verweisen den Leser in Betreff einer ausführlicheren Darstellung auf die vortreffliche „Geschichte der Vereinigten Staaten von Amerika", von Karl Friedrich Neumann. Berlin 1863.

Kriegen mit den wilderen Stämmen nach den sonnigeren Gegenden Mexico's oder Peru's zurückzogen, diese Ruinen hinterlassen. Das Gebiet war mit Wäldern und Prärien bedeckt, von wilden Thieren und vielleicht noch wilderen Menschen bewohnt, welche, obwohl beständig in Krieg mit einander begriffen, doch sich zu vereinigen bereit waren, wo es sich um die Ausrottung der Fremden handelte.

§. 2.
Entdeckungs-Periode.
1497—1697.

Im Jahre 1497, ein Jahr bevor Columbus das Festland von Süd-Amerika entdeckte, wurde Johann Cabot, ein Venetianer, von König Heinrich VII. von England zu einer Entdeckungs- Eroberungs- und Handelsreise nach dem Westen ausgesandt. Er berührte Labrador und Neufoundland. Im folgenden Jahre segelte sein Sohn Sebastian ab, um eine nordwestliche Durchfahrt (Northwestpassage) nach China aufzusuchen. Da er wegen des Eises der nördlichen Breitengrade nicht weiter vordringen konnte, so fuhr Cabot an der Küste hin bis nach der Chesapeake Bay, vielleicht auch tiefer hinab gen Süden. Bei seiner Rückkehr berichtete er den Engländern, dass das Land reich an Fischen wäre. Auf diese Entdeckungen waren Englands Ansprüche auf die Länder seiner Nordamerikanischen Colonien gegründet.

Im Jahre 1513 entdeckte Ponce de Léon, ein Spanier, Florida und nahm förmlichen Besitz von diesem Lande.

Im Jahre 1523 wurde Johann Verrazzani, ein Florentiner, von Franz I. von Frankreich auf eine Entdeckungsreise ausgesandt. Er segelte an der Küste des Festlandes hin vom Cap May nach Neufoundland. Bald nachher fingen die Franzosen an, Canada zu colonisiren.

Im Jahre 1539 landete der Spanier De Soto in Florida, unterwarf die Eingebornen und drang kämpfend 200 Meilen ins Innere des Landes vor.

Im Stillen Ocean segelte Cabrillo, ein Spanier, der Küste entlang und begründete daselbst die spanische Autorität.

§. 3.

Versuche, Colonien zu gründen.

Im Jahre 1562 flohen französische Calvinisten unter dem Schutz des edlen Coligny vor den Verfolgungen, die damals von der grausamen Catharina von Medicis, der Anstifterin der Pariser Bluthochzeit, gegen dieselben gerichtet wurden. Sie suchten Zuflucht in dem im gegenwärtigen Kriege so berühmten Port Royal (Süd-Carolina), und gaben dem Lande zu Ehren Karl's IX., der ihnen einen Freibrief bewilligt hatte, den Namen „Carolina“.

Eine andere französische Colonie wurde bald nachher an den Ufern des St. John Flusses in Florida gegründet. Beide Colonien hatten keinen Bestand, was auch mit der von Sir Walter Raleigh im Jahre (1585) in Nord-Carolina gegründeten der Fall war.

§. 4.

Die älteste Stadt.

Im Jahre 1565 legten die Spanier den Grund zu der Stadt St. Augustine in Florida, der ersten Stadt und bleibenden Colonie innerhalb des jetzigen Gebietes der Vereinigten Staaten.

§. 5.

Erste englische Colonie, Jamestown in Virginia. 1607.

Alle englischen Besitzungen wurden zuerst „Virginia“ genannt zu Ehren der jungfräulichen Königin Elisabeth, unter deren Regierung sie entdeckt wurden. Jakob I. gab zweien Gesellschaften Freibriefe, um in den neuen Ländern zwei Colonien, eine „nördliche“ und eine „südliche“ zu begründen, welche später die „Virginischen“ und die „Neu-Englischen“ Colonien benannt wurden. Die erste derselben wurde, von dem unternehmenden Capitän John Smith geleitet,

1607 zu Jamestown am James Fl. gegründet (Colonie und Fluss, nach dem regierenden Herrscher benannt), ungefähr 50 Engl. Meilen unterhalb der Stadt Richmond.

Das Repräsentativ-Regierungsprincip erschien hier zuerst in Amerika. Die Colonie erhielt eine Verfassung und wurde durch vom Volke gewählte Abgeordnete regiert.

§. 6.
Erstes Sklavenschiff.
1620.

Im August 1620 verkaufte ein holländisches Kriegsschiff 20 Neger an die Pflanzer zu Jamestown. Dieselben wurden zur Tabacks-Cultur sehr nutzbar gefunden. Im Jahre 1621 wurde die Baumwollencultur eingeführt.

§. 7.
Puritanische Colonie in Neu-England.

Die Verfolgungen, welche die Puritaner in England erlitten, trieben sie dazu, in Holland, damals das einzige Land in Europa, welches Religionsfreiheit genoss, ihre Zuflucht zu nehmen. Die Puritaner indessen wünschten Britten zu bleiben und „fern von den Lastern des Lebens in Holland" zu sein. Daher entschlossen sie sich nach der neuen Welt zu segeln, wo „sie den Sabbathtag heilig halten und die Kenntniss des Wortes Gottes und des Reiches Jesu Christi über jene weit entfernten Länder verbreiten könnten". Etwa hundert von ihnen, Männer, Frauen, Kinder, segelten in einem Schiffe (The May Flower) im Jahre 1620 nach der Neuen Welt. Sie landeten in der Bucht von Massachusetts an einer Stelle, welche sie nach der Stadt, aus deren Hafen sie in England abgeschifft waren, Plymouth-Rock nannten.

§. 8.
Entgegengesetzte Elemente.

Wir sehen daher fast in demselben Zeitraume die beiden grossen entgegengesetzten Elemente der amerikanischen Geschichte hierher verpflanzt — die Sklaven-Partei und die Anti-Sklaven-Partei; auf der einen Seite Despotismus, Anmassung, Unmenschlichkeit, Faulheit; — auf der anderen, Christenthum, Freiheit, Fleiss und Fortschritt.

§. 9.

Indien und Amerika.

Zu dieser Zeit legte England auch seine erste Colonie zu Surate in Indien an und gründete so seine Colonial-Macht in dem entgegengesetzten Theile der Welt.

§. 10.

New-York.

1609.

Im Jahre 1609 entdeckte Heinrich Hudson, ein Engländer im Dienste der holländisch-ostindischen Gesellschaft, die New-York-Bay und den Hudson-Fluss. Nach dem Rechte dieser Entdeckung etablirte Holland eine holländische Ansiedelung. Aber die Engländer beanspruchten, kraft der Entdeckungen der Cabots, das ganze Land und bemächtigten sich der holländischen Besitzungen im Jahre 1664 unter Karl II., welcher diese Colonie seinem Bruder, dem Herzoge von York (später Jakob II.) gab. Von diesem erhielt sie ihren Namen.

§. 11.

Erste Schwierigkeiten mit dem Mutterlande.

1660.

Kaum hatte sich diese Bevölkerung in ihrer Heimath niedergelassen, so fing sie auch schon an, durch die Ungerechtigkeit des Mutterlandes zu leiden.

Um das Jahr 1660 traf die britische Regierung eine Reihe von Massregeln, deren hartnäckige Fortdauer endlich zur Revolution führte. Diese Unterdrückungen fingen mit Schifffahrts-Acten an, welche werthvolle Colonial-Artikel mit der Strafe der Confiscation belegten, wenn sie nach irgend einem anderen Lande als England oder seinen Besitzungen ausgeführt würden.

Europäische Waaren konnten nur aus England und in englischen Schiffen eingeführt werden. Die ganze Handelswelt war auf diese Weise von den Colonisten ausgeschlossen, welche somit gezwungen wurden, billig zu verkaufen und theuer zu kaufen. Die Verarbeitung von Stahl und Eisen wurde ebenfalls auch verboten und willkürliche Hindernisse anderen Fabrikzweigen in den Weg gelegt. Nur wenige, für England werthlose Artikel wurden im Handel mit fremden Ländern gestattet. Trotz dieser Nachtheile kündigten ein lebhafter Handel und einige Fabriken den Unternehmungssinn und die Betriebsamkeit der Colonien an. Massachusetts fabricirte Papier, wollene Waaren, Flachs, Eisen und grobes Tuch zu seinem eigenen Gebrauch. Allmälig bildeten sich Schulen und Universitäten; die Harvards-Universität zu Cambridge (Massachusetts), die älteste 1637; das William und Mary-College zu Williamsburg (Virginia) 1692; das Yale-College zu New-Haven (Connecticut) 1701. Das vortreffliche Volksschulensystem, welches unter Gottes Beistand in späterer Zeit die Republik vor gänzlicher Entsittlichung und Verderbniss bewahrte, wurde gleichzeitig mit der Gründung der Colonien eingeführt.

§. 12.
Louisiana und die Franzosen.

Im Jahre 1673 entdeckten zwei Franzosen, Marquette und Toliette, den Mississippi-Fluss. Fünf Jahre später fuhr La Salle von der französischen Colonie Canada über den Erie-See und erforschte den Lauf des Mississippi. Im Jahre 1712 verlieh Ludwig XIV. einer französischen Colonie die Besitz-Urkunde des ganzen Landes, welches sich, unter dem Namen Louisiana, mit unbestimmten Grenzen westlich vom Alleghanischen Gebirge und südlich von den fünf grossen Seen hinzog. Die Franzosen untersuchten das Innere der Vereinigten Staaten zwischen den „fünf Seen und dem Meerbusen von Mexico“ und trieben lange vor den Engländern Handel mit den Indianern. Viele Namen, wie St. Louis, St. Genevieve

(Missouri), Dubuque (Jowa), Prairie du Chien (Wisconsin), Terre Haute (Indiana), Sault St. Mary (Michigan) sind noch Zeichen der französischen Herrschaft. Später durch den Vertrag 1763 wurde Louisiana auf das westlich vom Mississippi liegende Gebiet beschränkt. (§. 20.)

§. 13.

Indianer.

1607—1750.

Die entsetzlichen Grausamkeiten der Indianer waren in den ersten anderthalb Jahrhunderten eine grosse Plage. Die Franzosen, mit England im Kriege, ermuthigten die schon feindlich gesinnten Wilden, verheerende Einfälle in Neu-England, New-York etc. zu machen.

§. 14.

König Wilhelm's Krieg.

1689—1697.

Die Revolution von 1689, durch welche das englische Volk die Familie Stuart zuletzt ausstiess und Wilhelm und Mary auf den Thron setzte, wurde von den Colonien schwer gefühlt, da sie einen Krieg von mehreren Jahren mit den Franzosen in Amerika hervorrief. König Wilhelm, das Haupt des Protestantismus und Vorkämpfer der englischen Constitution, hatte Frankreich den Krieg erklärt, weil Ludwig XIV., der Beschützer des Catholicismus, Jacob II. gegen die Wünsche der Nation auf dem Thron erhalten wollte. Die Franzosen in Amerika griffen im Bündniss mit den Indianern die Colonien an und brachten schweres Leiden über sie. Der Friede wurde 1697 geschlossen.

§. 15.

Spanischer Erbfolge-Krieg
oder
Krieg der Königin Anna.

1702.

Ein neuer Streit zwischen König Wilhelm und Ludwig XIV., in Bezug auf die Feststellung der spanischen Thronfolge entspann sich zu einem neuen und ausgedehnten Kriege; besonders nachdem Ludwig XIV. auch den Sohn des verbannten Jacob als König von England erklärt hatte. Nach König Wilhelm's Tode ergriff seine Nachfolgerin, Königin Anna, obgleich Tochter Jacob II., die Sache des Protestantismus und der Freiheit und erneuerte das dreifache Bündniss zwischen England, Holland und dem Deutschen Reiche gegen die ehrgeizigen Ansprüche Ludwig's XIV. Der Spanische Erbfolge-Krieg in Europa wurde berühmt durch die Siege, welche Prinz Eugen und Marlborough bei Blenheim über die Franzosen erfochten, so wie auch durch die Einnahme von Gibraltar seitens der Engländer.

Der Krieg verwüstete einen Theil der Staaten Neu-Englands, wo die meisten Niederlassungen von den wilden Indianern — französischen Verbündeten — zerstört wurden. Acadia (Nova-Scotia) wurde von den Colonisten genommen.

§. 16.
Oesterreichischer Erbfolge-Krieg
oder
König Georg's Krieg.
1744—1748.

Unter Georg II. wurde England durch die pragmatische Sanction in den sogenannten Oesterreichischen Erbfolge-Krieg verwickelt. Vorbereitungen wurden gemacht, um in England einzudringen und den jungen Prätendenten Carl Eduard Stuart auf den Thron zu setzen. Die Angriffs-Flotte wurde durch einen Sturm zerstört. Der Prätendent landete später in Schottland und rückte mit einem Heere bis nahe an die brittische Hauptstadt vor; aber dasselbe Heer wurde bei Culloden geschlagen und 1748 der Friede geschlossen.

Während dieses Krieges wurde die Festung Louisburg (Seehafen der Insel Cape Breton, welcher von den Franzosen mit ungeheuren Kosten gebaut und ihr vorzüglichstes Bollwerk in Amerika war), durch eine Expedition, welche Freiwillige der Colonisten von Boston unternommen, den Franzosen entrissen. Die Nachricht dieser Heldenthat wurde in England mit Enthusiasmus begrüsst. Auch erfüllte dieser Sieg die Colonisten mit hohen Ideen ihrer militärischen Tapferkeit, und übte bedeutenden Einfluss auf ihre späteren Kämpfe mit dem Mutterlande aus.

§. 17.
Siebenjähriger Krieg
oder
Franzosen und Indianer Krieg.

Im Jahre 1749 verlieh die englische Regierung der Ohio-Compagnie eine Strecke Landes am Ohio-Fluss. Da die Compagnie das Gebiet von französischen militärischen Posten besetzt fand, so meldeten die virginischen Behörden dem französischen Commandeur, dass er in brittisches Gebiet sich Eingriffe erlaube. Diese Mission wurde Georg Washington übertragen, der, obgleich erst 22 Jahr alt, schon drei Jahre lang mit ausgezeichnetem Geschick das Amt eines General-Adjutanten des nördlichen Districts von Virginien geführt hatte. Er richtete seine Sendung mit Klugheit, aber ohne Erfolg aus, und das Resultat war eine militärische Expedition unter seinen Oberbefehl. Am 28. Mai 1754 wurde ein französisches Detachement von ihm angegriffen und aufgerieben; ihren Befehlshaber Jumonville fand man auf dem Schlachtfelde unter den Todten. Dieser Unternehmung folgte eine andere gegen das Fort Duquesne, jetzt Pittsburg, in welcher General Braddock, der Oberbefehlshaber der Engländer, geschlagen und tödtlich verwundet wurde (9. Juli 1755). Washington, dessen weise Rathschläge, wären sie nicht unbeachtet geblieben, das Unglück würden verhütet haben, offenbarte hier einige der Eigenschaften, durch welche er in der Folge glänzte. Er rettete das Heer vor Vernichtung durch einen mit Ruhe, Geschicklichkeit und Muth geführten Rückzug.

Dieser Krieg, in seinen Beziehungen zu den darauf folgenden Ereignissen betrachtet, wird eigenthümlich interessant.

In der Expedition gegen Fort Duquesne hatte die königliche Streitmacht unter Braddock's Oberbefehl aus regulären Truppen und virginischer Miliz bestanden, die letztere unter Washington's unmittelbarem Commando. Die Colonisten bemerkten mit freudiger Genugthuung, dass die bis dahin wenig geachtete Miliz nicht nur gleichen Muth mit den brittischen Regulären gezeigt hatte, sondern diesen auch durch ihre grössere Kenntniss des Landes und der Kriegführung der Indianer überlegen war. Der Nimbus, welcher den „brittischen Soldaten" umgab, war geschwunden. Der unkluge Hochmuth brittischer Offiziere erniedrigte sie in der Achtung der Colonisten. Des tapferen Braddock's Mangel an Geschicklichkeit warf nur ein stärkeres Licht auf das ruhige Genie Washington's, welches schon anfing, die Augen und Herzen seiner Landsleute auf den Mann zu ziehen. So erlangten die Colonisten Selbstvertrauen in dem Augenblicke, wo ihr Vertrauen sich vom Mutter-Lande abzuwenden anfing.

§. 18.

Forderung einer Vertretung.

1754.

Ein anderer Zwischenfall übte einen ungünstigen Einfluss auf die Beziehungen zwischen den Colonien und dem Mutter-Lande. Im Jahre 1754, als der Krieg mit Frankreich ausbrach, hielten alle englischen Colonien, mit Ausnahme der drei südlichsten, einen Congress, welcher das Gesuch an das Parlament richtete, Abgeordnete zuzulassen, um ihre Interessen in dem Kriege gegen Frankreich zu vertreten, oder wenigstens eine Colonial-Versammlung unter dem Vorsitze eines von der Krone ernannten General-Commissars zu gestatten. Dies Gesuch wurde vom König und dem Parlament zurückgewiesen. Das Votum des Hauses der Lords gegen dasselbe war sogar einstimmig.

§. 19.

Uebergabe von Quebeck.

1759.

Das grossartige Schluss-Ereigniss des Krieges war die Einnahme von Quebeck durch General Wolfe. Durch einen kühnen Angriff überfiel und nahm er die die Stadt beherrschenden Ebene Abrahams und erfocht einen der entscheidendsten Siege in der Geschichte, leider auf Kosten seines Lebens. Durch den Fall ihrer Haupt-Feste, des ältesten und wichtigsten Hafens Canada's, war die Vernichtung der französichen Herrschaft in Nord-Amerika vollendet. (Zu gleicher Zeist ist es England gelungen die Franzosen aus Indien zu verdrängen.)

§. 20.

Vertrag von Paris.

1763.

Der Krieg endete durch den Vertrag von Paris 1763, in welchem Frankreich an Gross-Brittanien, Canada, Acadia (Nova-Scotia) und Cape Breton, kurz alle seine Besitzungen östlich vom Mississippi Flusse mit Ausnahme der Stadt Neu-Orleans, abtrat. Diagr. I. u. II. stellen Nord-Amerika vor und nach dem Vertrage von Paris dar.

§. 21.

Acadia.

Das oben erwähnte Acadien war der Schauplatz einer schmerzlichen Begebenheit in der Geschichte Gross-Brittannien's und seiner Colonien, nämlich der plötzlichen und willkürlichen Vertreibung einer französischen Bevölkerung von 18,000 Personen aus einer geliebten Heimath wegen angeblichen Missvergnügens über die Regierung und ihrer Zerstreuung unter die andern brittischen Colonien, die so schnell bewirkt wurde, dass in den meisten Fällen Familien-Glieder von einander getrennt wurden.

Dieser Vorfall bildet den Gegenstand jenes höchst reizenden Gedichtes „Evangeline“ von Longfellow.

§. 22.

Zustand der Colonien.

Zur Zeit des Vertrages von Paris bestanden die Colonisten aus $2\frac{1}{2}$ Millionen Weissen — etwa die gegenwärtige Bevölkerung der Schweiz. Die Zahl der Neger Sklaven betrug 500,000. Die Colonisten waren intelligent, betriebsam, moralisch und religiös. Trotz des aus der Zeit der Republik in England übertragenen republikanischen Geistes war die Liebe zu dem Mutter-Lande bei Weitem nicht erloschen.

§. 23.

Ungerechte Massregeln der heimathlichen Regierung.

Alle Gelegenheiten, die Colonien zu versöhnen, wurden vernachlässigt. Das verderbliche Institut der Sklaverei wurde nicht nur gestattet, sondern befördert, und alle Massregeln der

Diagr. I.

Diagr. II.

herrschenden Gewalt waren systematisch auf den Nutzen Englands berechnet. Der herannahende Bruch wurde durch leichte und vorübergehende Ursachen nicht herbeigeführt.

§. 24.

Search warrants.

1761.

Im Jahre 1761 wurden durch eine Parlaments-Acte allgemeine Haussuchungsbefehle ertheilt, welche Sherifs und Steuer-

Beamte ermächtigten, in Privat-Wohnungen zu dringen, um dieselben nach unversteuerter Waare zu durchsuchen.

§. 25.

Stempel Acte.

1765.

Im Jahre 1765 wurde die Stempel-Acte eingeführt. Jedes im Handel gebrauchte Document war ungültig, wenn es nicht mit einem Stempel versehen war. Der niedrigste Stempel kostete einen Schilling (10 Sgr.) Der Preis stieg im Verhältniss zur Grösse des Geschäftes. Um diese Massregeln durchzusetzen, wurden Truppen nach Amerika geschickt und bei den Colonisten einquartirt, welche ihnen Feuerung, Cider, Rum etc. zu liefern hatten.

§. 26.

Erklärung der Rechte.

1765.

Massachusetts trat an die Spitze in dem Protest gegen diese Massregeln und schlug vor in New-York am ersten Dienstag im October einen Congress zu halten. Es erschienen neun Abgeordnete, welche die erste Form einer amerikanischen föderalen Vereinigung darboten. Dieser Congress verfasste eine Erklärung von Rechten, ein Memorial an das Parlament und eine Petition an den König, welche das Recht beanspruchte, nicht ohne Vertretung besteuert zu werden. Diese Schritte wurden von der Colonial-Versammlung gebilligt. Die Stempel-Acte sollte am 1. Nov. in Kraft treten. Der Tag wurde zu einem Tage nationaler Trauer und Demüthigung gemacht. Die Kirchenglocken wurden geläutet und die Flaggen bis zur Hälfte des Mastes gesenkt. Eine allgemeine Uebereinkunft wurde von den Kaufleuten und dem Volke proclamirt, sich des Ankaufs von Waaren in England zu enthalten und Erzeugnisse englischer Manufactur nicht mehr zu gebrauchen. Die allgemeine Aeusserung des Volks-Gefühls führte zur Aufhebung der Acte am 18. März 1766.

Diese Aufhebung war das Ergebniss der Vertretung Franklin's und der Beredsamkeit Chattam's und Burke's. „Ich bin darüber erfreut, dass die Amerikaner sich widersetzt haben", sagte Chattam. „Hätten sie sich unterworfen, so würden sie freiwillig Sklaven geworden sein. Sie sind durch Ungerechtigkeit zur Tollheit aufgestachelt. Meine Meinung ist, die Stempel-Acte muss aufgehoben werden, unbedingt, vollständig, sogleich".

§. 27.

Theezoll.

1766.

Gleichwohl wurde beim Parlament 1766 eine neue Acte durchgebracht, die auf Thee und andere Artikel Abgaben legte. Massachusetts leitete wieder die Opposition und erneuerte die Nicht-Einführungs-Verbindungen. Brittische Truppen wurden nach Boston geschickt, um das Volk einzuschüchtern.

Die englische ostindische Compagnie gerieth durch dies Verfahren der Colonien in finanzielle Verlegenheit. Aus dieser und anderen Ursachen war sie unfähig, die Zinsen ihrer Schuld zu bezahlen. Parlament und Minister schienen zu denken, dass selbstsüchtige pecuniäre Interessen das Hauptmotiv alles menschlichen Thun's wären. Sie setzten daher drei fünftel der Steuer auf Thee ab. Franklin erwiderte in edler Weise dem Hause der Lords: „Wir streiten einzig und allein um ein Princip — um nichts mehr und nichts weniger". Dies wiederholte er, bis das Haus der Lords ihn mit unwürdiger Beschimpfung aus seiner Versammlung entliess.

§. 28.

Boston Gemorde.

1770.

Ein Zusammenstoss fand statt am 5. März 1770. Drei Bürger von Boston wurden getödtet und fünf verwundet. Die Nachricht von dem Gemetzel in Boston flog wie ein Lauffeuer durch das Land.

Der Widerstand der Colonien und die allgemeine Ausführung

des Entschlusses, keine brittischen Waaren zu kaufen, verursachten die Aufhebung aller Steuern ausser einer — drei Pence auf das Pfund Thee. Diese wurde festgehalten auf ausdrücklichen Befehl König Georg's III., welcher sagte: „Es sollte immer eine Steuer bestehen, um wenigstens das Recht der Steuererhebung zu wahren". Da dies gerade der Punkt war, den das amerikanische Volk streitig machte, welches für ein gerechtes Princip, nämlich das Recht, nicht ohne Vertretung besteuert zu werden, kämpfte, so legte man wenig Werth auf die Aufhebung der andern Steuern.

§. 29.

Thee-Gesellschaft zu Boston!

(Boston tea-party.)

Es wurden gewöhnlich oppositionelle Zusammenkünfte gehalten. Man beschloss, dass kein Thee gelandet werden sollte. In dieser Krisis liefen mehre ostindische mit Thee beladene Schiffe in den Hafen von Boston ein. Eine Massen-Zusammenkunft der Bürger entschied sich dafür. dass die Schiffe nach England zurückgeschickt werden sollten. Der Gouverneur erklärte, dass sie es nicht sollten. Am Morgen des 19. Dec. 1773 war der Thee verschwunden. Eine Anzahl als Indianer verkleideter Bürger war in der Nacht an Bord der Thee-Schiffe gegangen und hatte den Thee in's Meer geworfen.

§. 30.

Hafen Bill von Boston.

1774.

Für diese Handlung, beschloss das Parlament, sollten die Colonien, und besonders Boston, hart bestraft werden. Eine Acte, betitelt: „Boston Port-Bill" schloss jenen Hafen für jeglichen Handel. Mitglieder des Colonials-Concils, Richter, Geschworne, Sheriffs sollten von den brittischen Behörden ein- und abgesesetzt werden. Das Versammlungs-Recht wurde zurückgenommen. Personen, die sich diesen oder anderen Verordnungen widersetzen würden, sollten zum Verhör und Gericht nach England gebracht werden.

Eine nachfolgende Acte verbot den Colonien, an den Ufern von Neufoundland zu fischen. Diese Massregel, welche zwar den Unwillen des Volks vermehrte, führte jedoch nicht zu gesetzwidrigen Handlungen; die Behörden sowohl, als auch das Volk der Colonien zeigten eine Klugheit und eine Biederkeit, welche die Mutter-Regierung mit Vortheil hätte nachahmen können.

§. 31.

Alter Continental-Congress.

5. Sept. 1774.

Es wurden indessen geeignete Schritte gethan, um dieser Krisis vorzubeugen. Alle Colonien hielten Zusammenkünfte, welche Delegirte zu einem allgemeinen Congress wählten. Diese Corporation, bekannt als der „Alte Continental-Congress“, trat am 5. Sept. 1774 zusammen. Jede Colonie, ausser Georgia, war vertreten. Fünf und funfzig der fähigsten Männer des Landes versammelten sich.

Patrick Henry von Virginien sagt in seiner berühmten Rede: „Brittische Unterdrückung hat die Grenzen der verschiedenen Colonien ausgelöscht; die Unterschiede zwischen Virginiern, Pennsylvaniern, New-Yorkern und Neu-Engländern sind nicht mehr. Ich bin nicht ein Virginier. Ich bin ein Amerikaner“.

Die Haltung dieser Körperschaft war ruhig, aber unbeugsam. In einer Erklärung von Rechten machten sie ihren Anspruch als brittische Unterthanen geltend, d. h. das Recht an ihrer eigenen Gesetzgebung theilzunehmen und ihre eigenen Steuern aufzulegen; auf das Recht bestehen, vor Schwurgerichten in der Nähe untersucht und gerichtet zu werden; öffentliche Zusammenkünfte zu halten; und Petitionen zur Abstellungen von Nothständen einzureichen. Sie protestirten gegen die Erhaltung eines stehenden Heeres in den Colonien ohne ihre Zustimmung, und gegen verschiedene, seit der Thronbesteigung Georg's III. durchgebrachte, die verbrieften Rechte und Privilegien der Colonien verletzende Acte. Als die von dieser Corporation ausgehenden Adressen, Petitionen und andere Documente England erreichten, machte Earl von Chatam die Bemerkung: „In Betreff solider Gründe, Kraft des Scharfblicks und der Weisheit der Schlüsse kann keine Nation oder Corporation von Männern höher stehen, als der allgemeine Congress zu Philadelphia“.

Die von den Colonisten zur Abhilfe vorgeschlagenen Massregeln zeigten denselben hohen Character. Sie begannen auf's Neue die Einstellung alles Handels mit Gr. Brittanien, riethen vom Sklaven-Handel ab und enthielten sich allgemein aller brittischen Waaren besonders des Thee's. Man erwartete grosse Erfolge von diesem Entschluss, da zu dieser Zeit die Hälfte des Exports von Gr. Brittanien nach den Colonien in Amerika ging. So standen die Colonien mit unbeugsamer Entschlossenheit auf dem Boden der Gerechtigkeit, ihrer Urkunden und Rechte als brittische Unterthanen. Der König andererseits war hartnäckig bestrebt, sie nöthigenfalls durch Militär-Gewalt zum Gehorsam zu zwingen.

§. 32.
Schlacht bei Lexington.

Das Volk fing nun an, sich für den unvermeidlichen Conflict zu rüsten. Massachusetts stand wie gewöhnlich in erster Linie. Fast alle seine kriegsfähigen Männer verflichteten sich zur Bereitschaft, zu jeder Minute in's Feld zu ziehen — daher der Name „Minuten-Männer“. Der brittische Commandeur zu Boston, General Gage, ergriff die Initiative. Er hatte schon an den König geschrieben, dass die Amerikaner würden Löwen bleiben, so lange die Engländer Lämmer wären. In der Nacht vom 18. April 1755, schickte er insgeheim 1800 Mann ab, mit dem Befehle, die Vorräthe zu Concord zu zerstören und den Congress, der damals versammelt war, auseinander zu jagen. Die Minuten-Männer kamen rasch ihrer Verbindlichkeit nach und machten den brittischen Truppen das Vorrücken bei Lexington streitig. Bei dem Anblick der bewaffneten Bürger erhielten die Truppen den Befehl, zu feuern. Mehrere Amerikaner wurden getödtet und verwundet. Dies war das erste in der Schlacht vergossene Blut. Die brittische Streitmacht rückte auf Concord vor und zerstörte einige Vorräthe, fand aber so kräftigen Widerstand, dass sie sich, heftig verfolgt, mit einem Verlust von 273 Todten und Verwundeten zurückzog. Dies war die Schlacht bei Lexington. Der Rubicon war überschritten. Die Colonie wollte nicht mehr remonstriren und petitioniren, sondern widerstehen, wenn es nöthig wäre, mit dem Schwert in der Hand.

Bei der Nachricht von der Schlacht bei Lexington griff das ganze Volk zu den Waffen. Freiwillige Expeditionen wurden organisirt. Man bemächtigte sich wichtiger Festungen und nahm Kriegs-Vorräthe in Beschlag. In vier Monaten war die Macht der königlichen Gouverneure von Massachusetts bis Georgia gestürzt. General Gage wurde durch Gen. Howe ersetzt. Er kehrte nach England zurück, wo er wenige Jahre darauf starb.

§. 33.

Zweiter Continental-Congress.

1775.

Am 10. Mai 1775 versammelte sich der zweite Continental-Congress zu Philadelphia. Seine Schritte waren durch dieselbe schon von Chatham anerkannte Würde bezeichnet.

Während er Alles aufbot, um eine Aussöhnung herbeizuführen, machte er doch ernstliche Kriegsrüstungen. In einer Petition an den König betheuerte er, dass man nicht die Absicht habe, sich von England loszureissen, sondern nur Abhülfe dringender Missverhältnisse gefordert würde. Zu gleicher Zeit bildeten die Colonien aber eine bundesmässige Union und trafen Massregeln, eine Armee und eine Flotte herzustellen und sich mit Waffen und Munition zu versehen.

§. 34.

Washington, Ober-Befehlshaber und Dictator.

Nov. 1776.

Washington wurde zuerst bloss zum Ober-Befehlshaber der Armee ernannt, später jedoch, im November 1776, mit der vollen Gewalt eines Dictators bekleidet. Auch bildete sich ein geheimes Comité, um mit den Freunden der Colonien in Europa zu unterhandeln, ebenso wurden ein Kriegscomité und eines für die Finanzverwaltung niedergesetzt. So wurde die Organisation und Thätigkeit eines höchsten Central-Gouvernement angefangen.

§. 35.

Schlacht bei Bunkerhill.

1775.

Der 17. Juni 1775 war der denkwürdige Tag der Schlacht bei Bunkerhill, Charlestown, einer der Vorstädte von Boston. Die Amerikaner wurden durch die Uebermacht der Britten geschlagen, aber die Niederlage war durch solchen Widerstand bezeichnet, dass sie in ihren Folgen einem grossen Siege gleich kam. Sie flösste den Colonien den Entschluss ein, das Joch des Mutterlandes gänzlich und für immer abzuschütteln.

§. 36.

Unabhängigkeits-Erklärung.

1776.

Am 4. Juli 1776, nahm der Congress in dem bis auf den heutigen Tag fast noch unverändert gebliebenen Stadthause zu Philadelphia eine Unabhängigkeits-Erklärung an, durch welche die 13 Colonien (§. 49. Diag. III.) die Vereinigten Staaten Amerika's wurden. Dies berühmte Document enthält einen kostbaren Bericht und einen genauen Ueberblick über die Ursachen, welche zu der Losreissung führten. Es erklärte, dass der König von Grossbrittannien durch wiederholte Beschimpfungen versucht hatte, eine vollständige Tyrannei über die Colonien auszuüben.

Eine Liste dieser schimpflichen Uebergriffe wird der Welt vorgelegt. Unter diesen nennen wir folgende:

„Er (der König) hatte verweigert gemeinnützige Gesetze zu genehmigen; — er hatte verweigert, wichtige Gesetze zu bestätigen, wenn nicht das Volk auf das Recht der Vertretung Verzicht leistete; — er hatte gesetzgebende Körper in Orten zusammenberufen, welche für solche Versammlungen ungeeignet, und von dem Depositorium ihrer öffentlichen Archive entfernt waren, einzig zu dem Zwecke, diese gesetzgebende Körper bis zur Nachgiebigkeit gegen seine Massregeln zu ermüden; — er hatte wiederholt Versammlungen aufgelöst, weil sie sich seiner Anmassungen widersetzten und verweigert, neue zu berufen, wodurch die gesetzgebende Gewalt zu dem Volke zurückgekehrt war; — er hatte gestrebt, die Zunahme der Bevölkerung dieser Staaten zu verhindern; — er hatte die Gerechtigkeit in der Verwaltung vernichtet; — er hatte die Urtheile von seinem Willen allein abhängig gemacht; — er hatte Schwärme von überflüssigen Beamten gesandt, um das Volk zu quälen und auszuplündern; — er hatte in Friedenszeiten uns ein stehendes Heer aufgezwungen; — er hatte gestrebt die militärische Behörde über die Civilgewalt zu setzen; — er hatte dieselbe vor der Strafe gegen Mord geschützt; — er hatte unsern Handel mit allen Welttheilen verhindert; — Steuern ohne unsere Einwilligung auferlegt — uns das Privilegium einer Untersuchung vor den Geschworenen genommen — uns jenseits des Meeres bringen lassen, um für vorgebliche Uebertretungen gestraft zu werden — unsere werthvollsten Gesetze entkräftet — die Grundsätze unserer Regierungsgewalt verändert — unsere Gesetzgeber entlassen — Krieg gegen uns erregt — unsere Meere geplündert — unsere Küsten verheert — unsere Städte verbrannt und das Eigenthum unsers Volkes verwüstet, — grosse Armeen von Miethlingen gedungen, um die Zerstörung und die Tyrannei zu vollenden — und Alles das mit einer Grausamkeit und Treulosigkeit, die selten in barbarischen Zeitaltern ihres Gleichen finden, und des Hauptes einer civilisirten Nation unwürdig sind. Er hatte unsere auf dem Meere gefangenen Mitbürger gezwungen, die Waffen gegen ihr Vaterland zu führen, und sich bemüht, die erbarmungslosen Indianischen Wilden gegen uns zu reizen, deren bekannte Kriegführung jedes Alter, jede Geschlechtes und jede Lebenslage ohne Unterschied vernichtet.

§. 37.

Von der Unabhängigkeits-Erklärung gestrichene Clausel.

In der Original-Copie der Unabhängigkeits-Erklärung befand sich der folgende Passus:

„Der König hat die heiligsten Rechte des Lebens und der Freiheit eines freien Volkes, welches ihn niemals beleidigte, zu Boden getreten, selbst gegen die menschliche Natur hat er den grausamsten Krieg unterhalten; er hat die Neger nach einer fernen Hemisphäre zur Knechtschaft abgeführt. Dieses Piratenthum, die Schmach ungläubiger Völker, ist die Kriegführung des Königs von Grossbritannien. Entschlossen, einen Markt aufrecht zu erhalten, wo Menschen ge- und verkauft werden, hat er sein Veto dadurch geschändet, dass er alle Gesetzgebung verhinderte, welche diesen schmachvollen Handel beschränken oder aufheben wollte."

Derselbe wurde von dem Entwurf gestrichen und die Unabhängigkeits-Erklärung erschien ohne ihn. Wir haben hier eine der ersten der langen Kette der Concessionen, welche die Sklavenmacht von den nördlichen Staaten gefordert und empfangen hat.

§. 38.

Sklaven frei erklärt.

Der brittische Admiral Lord Dummore hatte den Streich schon geführt, der ein schwerer Schlag für die Colonien sein musste. Alle Sklaven wurden unter der Bedingung für frei erklärt, dass sie der „gerechten Sache", nämlich dem König dienten, und in seine Armee träten. Die brittische Regierung war aber zu jener Zeit weder dem Grundsatz nach, noch in der That gegen den Sklavenhandel; denn sie unterdrückte den afrikanischen Sklavenhandel selbst in ihre eigenen Besitzungen nicht vor 1807. Die Sklaven der Colonisten wurden nur bedingungsweise für frei erklärt; es war eine blosse Kriegsmassregel, um dem Feind Nachtheil zuzufügen.

In der Rebellion von 1860 schaffte der Präsident Lincoln ebenfalls als Kriegsmassregel die Sklaverei in den aufrührerischen Staaten, aber ohne Bedingung ab. Der Vortheil liess unter der Rebellion die militärische Macht thun, was der Norden längst im Geiste der Menschlichkeit durch die friedliche Hülfe des Civilgesetzes gewünscht hatte. Geeignete Massregeln wurden getroffen, um die Sklaverei im ganzen amerikanischen Territorium aufzuheben. Dennoch klagte Earl Russel in einem Schreiben an seinen Gesandten in Washington, dass der Präsident Lincoln die Sklaverei in den Rebellen-Staaten abgeschafft, wo er kein Recht habe, und sie da bestehen gelassen, wo er ein Recht habe, sie aufzuheben.

Earl Russel hat oft in seinen öffentlichen Reden hervorgehoben, dass der amerikanische Bürgerkrieg nicht ein Kampf um eine Idee, sondern bloss ein Kampf um die Herrschaft ist — dass der Norden keine Sympathie verdiente und die Union unwiederbringlich aufgelöst wäre. Auf diese Weise führte er Europa irre und ermuthigte die Rebellion. Dies hat nebst andern Ursachen in Amerika eine unfreundliche Stimmung gegen England hervorgerufen, welche zu beseitigen alle guten Männer beider Nationen und Regierungen sich bestmöglichst bemühen sollten.

§. 39.
England's Verfahren.

Die brittische Regierung beschloss den Aufstand mit roher Gewalt zu unterdrücken. Fremde Truppen deutscher Fürsten, namentlich vom Kurfürsten von Hessen-Cassel gedungen, verstärkten die königliche Armee, bis sie die der Colonisten bei weitem übertraf, welche letztere überdies noch um die Herbeischaffung von Munition und andern Hülfsmitteln sehr verlegen waren. Dennoch setzten sie den Krieg, unter grossen Leiden und vielfachem Missgeschick, mit beständigem Heldenmuth fast sieben Jahre lang fort.

§. 40.
Europäische Sympathie.

Fast ganz Europa sympathisirte mit den Colonien. Friedrich der Grosse sprach offen seine Bewunderung aus. Selbst Catharina von Russland missbilligte den Despotismus Georg's III., obgleich sie anfangs mit ihm im Bündniss stand. Die grösste Sympathie legte jedoch die öffentliche Meinung Frankreich's an den Tag. Als Franklin dorthin kam, um Hülfe zu erbitten, wurde er mit Ehren empfangen und war sowohl um der Einfachheit seiner Sitten als um der Sache willen, die er vertrat, der Gegenstand und Mittelpunkt des allgemeinsten Interesses. Die ganze Nation war für den Krieg: das Volk, weil es mit den Unterdrückten sympathisirte, die Adligen, weil sie England hassten. Der arme König Ludwig XVI. zauderte, seiner Regierung den Auftrag zu geben, den Grundsatz der Empörung zu unterstützen. Zuerst wurden nur einige Schiffe, gesandt, aber der Volks-Enthusiasmus nöthigte die Regierung zu wichtigeren Massregeln. Die beiden Brüder Lameth, Larochfoucauld, Lafayette, Baron von Steuben, der polnische General Kosciusco traten in amerikanische Dienste. Frankreich schloss einen Allianz- und Handelsvertrag. (6. Febr. 1778). Der Krieg wurde ein allgemeiner. Mehrere Schlachten wurden zwischen den englischen und den französischen Schiffen ohne bedeutende Resultate geschlagen. Im Jahre 1779 vereinigten sich Spanien und Holland gegen England.

§. 41.
Englische Meinungen.

In England war die Gesinnung sehr getheilt. Burke, Pitt, Dr. Priestly und Andere sprachen beredt zu Gunsten der Colonien. Anderseits aber standen ihnen Dr. Johnson, Robertson, Gibbon und Viele der Aristokratie feindlich gegenüber. Nicht ohne Erstaunen kann man die grosse Anzahl verschiedener Männer betrachten, welche, ohne jede Achtung für die gerechte Sache und männliche Haltung der Colonisten, die Partei des

Lord North unterstützte, die darauf ausging, das Recht der Colonisten mit Füssen zu treten. Ein glaubwürdiger deutscher Schriftsteller, Dr. Neumann (§. 1.) bemerkt sehr richtig, dass „schwerlich einer jener hervorragenden Staatsmänner des 18. Jahrhunderts eine richtige Vorstellung von dem Kampfe und seiner wahren Natur oder von dem Charakter und der Bestimmung der Colonien hatte." Selbst französische Philosophen, wie Buffon und Raynal erklärten, „dass in Amerika nicht die Menschen allein, sondern die Natur selbst sich verschlechtert hatte. Pflanzen und Thiere sowohl als Engländer und andere Europäer nahmen an Grösse ab und verloren ihre besseren Eigenschaften, wenn sie auf jenen unglückseligen Boden verpflanzt wurden".

§. 42.

Amerikanische Flagge.

Der Vereinigten Staaten Flagge datirt vom 2. Januar 1776. Sie wurde zuerst während der Belagerung von Boston durch Washington aufgerichtet. Sie enthielt dreizehn rothe und weisse Streifen, um die Zahl der Colonien anzudeuten. Hierzu kam ein azurblaues Feld mit dreizehn Sternen. Der Congress genehmigte die Flagge als nationales Banner, Juni 1777. Anfangs wurde für jeden neuen Staat ein neuer Streifen hinzugefügt, bis die wachsende Zahl der Staaten eine Inconvenienz entstehen liess. Deshalb beschloss der Congress, April 1818, zu den ursprünglichen dreizehn Streifen zurückzukehren und die Vermehrung der Staaten durch hinzugefügte Sterne anzudeuten.

§. 43.

Niederlage Bourgoyne's.

1777.

Am 17. October 1777 ergab sich der brittische General Bourgoyne an Gen. Gates. Er hatte eine brittische Armee von Canada nach den Vereinigten Staaten zu führen gesucht, war aber durch Gates und Arnold verhindert und gezwungen worden, sich mit seiner ganzen Abtheilung bei Saratoga zu ergeben. Bei seiner Rückkehr nach England traf ihn zuerst Ungnade und Verachtung; später widmete er sich der Litteratur und schrieb mehrere Stücke für die englische Bühne.

§. 44.

Bündniss mit Frankreich.

1778.

Im Jahre 1778 wurde das Bündniss mit Frankreich geschlossen und es erschien die französische Flotte unter d'Estaing.

§. 45.

Das Gemetzel bei Wyoming.

1778.

Wyoming, in Pennsylvanien, ein schönes einsames Thal am Susquehanna-Ufer, enthielt eine blühende Colonie mit der Stadt Westmoreland und einer Bevölkerung von 2000 Einwohnern. Am letzten Tage des Juni 1778 brach ein Corps von 400 brittischen Provinzbewohnern und über 700 Indianern unter dem Commando von Oberst John Butler in das Thal, griff die 300 Mann Vertheidiger an und metzelte in einer verzweifelten Schlacht etwa 200 derselben nieder. Von den wilden Indianern und amerikanischen Royalisten wurde mit einer Grausamkeit verfahren, die selbst der Gefangenen nicht verschonte. Am Abend der Schlacht führten sie eine Anzahl der Letzteren zum Tode. Ein Felsen, Königin Esther genannt, bezeichnet den Fleck, wo ein indianisches Weib, das nur zur Hälfte dieser Nation angehörte, mit eigener Hand 14 Gefangene mit dem Tomahawk niederhieb. Die Uebriggebliebenen flohen durch die Wildniss. Viele davon starben auf dem Wege, und Wyoming war eine Zeit lang gänzlich verlassen. Dies Ereigniss ist der Gegenstand eines Gedichtes geworden: „Gertrude von Wyoming" von Campbell, das jedoch das Gemetzel in jenem Thale übertreibt; denn so entsetzlich es auch war — so ist der Dichter doch zu sehr seiner eigenen Einbildungskraft gefolgt.

§. 46.

Paul Jones.

Der berühmte Schiffs-Commandeur dieses Namens, ein geborner Schotte, trat im September 1775 in den Dienst der

Colonien, in welchem er als Lieutenant verwandt wurde. Man sagt, er habe die erste amerikanische Flagge am Bord seines Schiffes aufgehisst: einen Fichtenbaum mit einer Klapperschlange um seine Wurzel gewunden. Seine kühnen und erfolgreichen Unternehmungen erregten Aufmerksamkeit. Einst landete er an der Küste Schottlands in der Absicht, sich kostbare Geisseln zu verschaffen und nahm beinahe den Earl von Selkirk gefangen. Ein anderes Mal brachte er ein Prisen-Schiff nach Brest, Frankreich, mit 200 Gefangenen, — die doppelte Zahl seiner eigenen Bemannung. Vom 14. August bis zum 23. September 1779 nahm er 26 englische Schiffe, wodurch er an der Ostküste Englands die grösste Bestürzung hervorrief. Am 23. September fand bei Flamborough an der Nordsee zwischen seinem Schiffe, dem „Richard", und dem englischen Schiffe, „Serapis", ein hitziger Kampf beim Mondschein statt, während die Ufer mit Zuschauern bedeckt waren. Nach einer schrecklichen wechselseitigen Kanonade fragte der englische Capitain seinen Feind, ob er die Fahne eingezogen hätte. Jones erwiederte: „Ich habe noch nicht begonnen, zu fechten" — und der Kampf wurde grimmig fortgesetzt. Jones band das Bugsprietttau des „Serapis" an den Besansegel-Mast des „Richard" und die amerikanischen Seeleute schleuderten von dem Deck ihres Schiffes Handgranaten auf das feindliche, von denen eine 20 Feinde tödtete oder verwundete. Der „Richard" brannte und war dem Sinken nahe, aber Jones setzte die Schlacht fort und der „Serapis" strich die Flagge. Dieser Kampf soll der blutigste und hartnäckigste gewesen sein, der je zwischen zwei Schiffen stattgefunden hat. Jones wurde in Frankreich mit ausgezeichneten Ehren empfangen. Der König machte ihm ein Schwert zum Geschenk. Bei seiner Rückkehr nach den Vereinigten Staaten weihte ihm der Congress eine goldene Medaille und General Washington sandte ihm ein Dankschreiben. Dennoch sind seine Dienste nicht geziemend belohnt worden. Später trat er in die russische Marine, von der er aber durch Intriguen vertrieben wurde. Die Kaiserin Catharina setzte ihm eine Pension aus, welche jedoch niemals ausgezahlt wurde. Im Jahre 1792 starb er in Paris arm und vernachlässigt. Sein eigentlicher Name lautete John Paul; der Name Jones war in spätern Jahren aus unbekannten Gründen angenommen.

§. 47.
Benedict Arnold.

Die Verrätherei Arnold's ist ein hervorstechender Zug des Krieges. Derselbe war ein trotziger, ausschweifender, charakterloser, aber tapferer amerikanischer Offizier. Sein schlechtes Betragen hatte ihn vor ein Kriegsgericht gebracht, welches ihn zu einem Verweise seitens des Oberbefehlshabers verurtheilte. Obwohl Washington dieses Urtheil mit grosser Nachsicht ausführte, so brachte doch dies den wilden und rachsüchtigen Charakter des Verräthers zu einer Krisis. Er erbat und erhielt von Washington den Befehl über das Fort West-Point an dem Hudson-Fluss, den wichtigsten Posten der Vereinigten Staaten. Dies amerikanische Gibraltar beschloss er dem Feinde zu übergeben und so den vollständigen Ruin seines Landes herbeizuführen, in der Absicht sich eine glänzende Rache zu verschaffen und in der Hoffnung auf eine reiche Belohnung und ein Leben wollüstigen Vergnügens in der Fremde. Monate lang wurde eine verrätherische Correspondenz mit Sir Henry Clinton, dem brittischen Ober-Befehlshaber, geführt. Der Plan war reif, ausgenommen dass Arnold in einer persönlichen Zusammenkunft mit einem vertrauten Offizier von hohem Range jeden Punkt in diesem Handel nochmals zu erörtern wünschte, was mündlich besser und genauer geschehen könnte als schriftlich. Sir Henry Clinton übertrug dem Major André die Mission. Dieser wurde indess entdeckt, verhaftet und von Washington als ein Spion zum Galgen verurtheilt. Arnold aber entkam an Bord des brittischen Schiffes „Vulture“, vereinigte sich mit einer brittischen Armee und befehligte eine Expedition gegen Virginia und Neu-London in Connecticut. Man sagt, er habe von einem Kirchthurm aus, dem Brande Neu-Londons, seines Geburtsortes, zugesehen. Das Fehlschlagen seines Planes verringerte vielleicht den Betrag seiner Belohnung, denn er wurde durch eine Zahlung von 6,300 Pfund Sterling abgefunden. Sein Verrath machte ihn selbst in England überall zum Gegenstande des Widerwillens und zog ihm häufig Beschimpfungen zu. Endlich verschwand er vom Schauplatz und verlor sich in Dunkelheit und Verachtung. Es liegt in einem Verrath etwas so Schändliches, dass selbst die, welche daraus Nutzen ziehen, den Verräther verachten.

Ein Sohn Benedict Arnold's diente später mit Ehren in der brittischen Armee und war eine Zeit lang der Adjutant Wilhelm's IV. Im Jahre 1851 erhielt er den Rang eines General-Lieutenants.

§. 48.

Niederlage Cornwallis am 19. October 1781.

Cornwallis hatte in dem siebenjährigen Kriege Friedrich's des Grossen gedient. Obgleich ein persönlicher Freund Georgs des Dritten, hatte er doch die Massregeln, welche zum amerikanischen Krieg führten, nicht gebilligt. In diesem siegte er über die Generale Gates und Green und verursachte in Virginien vielen Schaden an Privat-Eigenthum. Endlich wurde er in Yorktown von der amerikanischen und der französischen Armee und der französischen Flotte eingeschlossen und ergab sich mit seiner ganzen Kriegsmacht am 19. October 1781. Das war die letzte Anstrengung des Königs von England, die Colonien zu unterwerfen. Lord Cornwallis wurde später zum Gouverneur des bengalischen Staates ernannt, stürzte durch eine Reihe von Siegen Tippo Saib und begründete die Macht Gross-Britanniens in Indien.

§. 49.

Friede zu Versailles.

1783.

Der Vertrag zu Versailles, am 3. September 1783, wurde durch England auf der einen, Spanien, Frankreich und die dreizehn Colonien auf der andern Seite abgeschlossen. Er regulirte alle Punkte zwischen den contrahirenden Mächten. Die Unabhängigkeit der dreizehn Colonien wurde anerkannt und die äussern Grenzen festgesetzt. Die Grenze an der Nordseite wurde so ausgedehnt, dass sie einen Theil von dem umfasste, was dann Canada wurde. Westlich ward sie vom Mississippi bespült und reichte südlich bis an die spanische Besitzung Florida. Das ungeheure Territorium, westlich vom Mississippi, begränzt vom Pacific und der spanischen Besitzung Mexico, blieb mit Einschluss der Stadt Neu-Orleans den Spaniern unter dem Namen: Louisiana, wurde aber später (1800) an Bonaparte, dem ersten Consul, abgetreten.

§. 50.

Die Revolution von 1776 verglichen mit dem Aufstande von 1860.

Die Bewunderer des Aufstandes von 1860, durch welchen eine Bande Sklavenhalter die Republik in einen Sklaven-Despotismus umzuschaffen oder ein getrenntes, unabhängiges, südliches Sklaven-Kaiserreich herzustellen versuchte, haben zur Rechtfertigung desselben die Revolution von 1776 angeführt.

Der geneigte Leser wolle nach Prüfung den Unterschied anerkennen.

In dem von Jefferson Davis erregten Aufstande ward der Welt keine Erklärung der Ursachen vorgelegt, weil keine Ursache, welche ein christlicher Staatsmann der civilisirten Welt ohne Erröthen nennen konnte, vorhanden war. Dieser Umriss wird zeigen, dass weder Tarife, noch irgend ein anderer Grund, ausser einem, diesen schrecklichen Bürgerkrieg, dessen

Diagr. III.

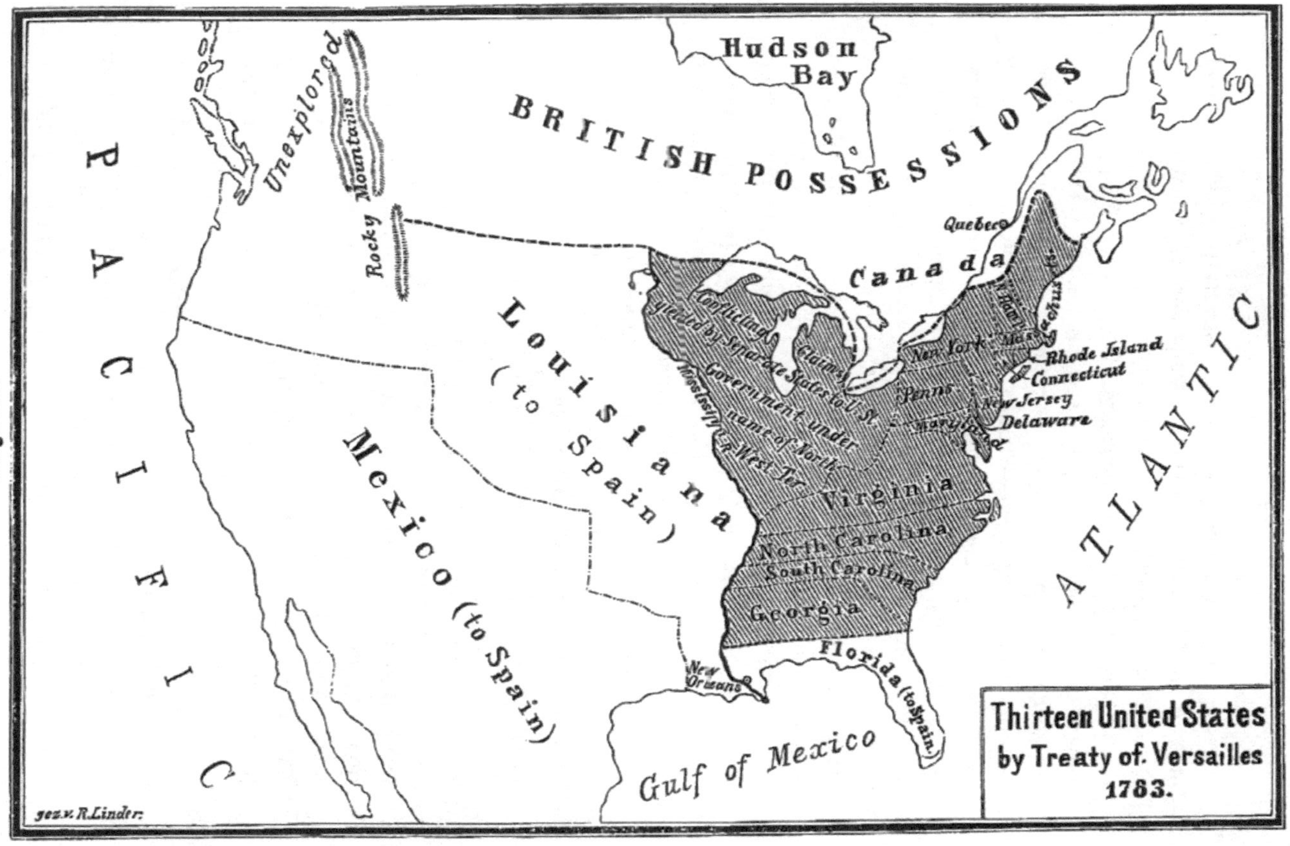

Thirteen United States by Treaty of. Versailles 1783.

Zweck der Sturz der freiesten, mildesten und wohlthätigsten Regierung war, hervorriefen. Der einzige Grund wurde in einer klaren, obgleich nicht eleganten Form, durch einen der Rebellen-Führer, Mr. Yancey, ausgedrückt: — „Die Bundesregierung erlaubte den Nord-Staaten Maulesel von Malta, während sie den Süd-Staaten verweigerte, Neger aus Afrika einzuführen!“ Dieselbe Idee ist officiell durch Mr. Stephens, den Vice-Präsidenten der Rebellen-Regierung, ausgedrückt. Die Lossagung wäre nothwendig geworden, weil der Norden verweigert habe die grosse moralische, politische und religiöse Wahrheit anzuerkennen — dass es keine solide Basis für die Regierung geben könne, ausser Neger-Sklaverei. Das war „der Eckstein, verworfen von den Menschen, aber zugelassen von Gott!“

Auch Süd-Carolina erklärte in der Versammlung von 1860, dass der Grund der Trennung wäre: „von Seiten der Freistaaten die Verweigerung der Auslieferung von Sklaven und die Wahl eines Präsidenten, der gegen die Sklaverei sei.“

Die Sache der Colonisten war gerecht und edel, ebenso wie die der Rebellen von 1860 ungerecht und unedel. Eine Beschwerde, welche die Colonien erhoben, war, dass ihnen vom Mutterlande die Sklaverei und der afrikanische Sklavenhandel aufgedrungen worden (§§. 31, 37). Die Sklavenbarone von 1860 im Gegentheil zogen das Schwert, um dem Lande Sklaverei und afrikanischen Sklavenhandel aufzudringen. Die grossen Führer der Washington'schen Revolution sowohl wie das Volk waren frei von solcher Anschauung. Keine unwürdigen materiellen Interessen — kein National- oder Privat-Ehrgeiz — kein Verlangen nach Eroberungen — kein Durst nach Gold — keine Traumbilder orientalischer Wollust — kein geheimer Betrug — kein unerwarteter Verrath — keine Grausamkeiten gegen Gefangene — keine Meuchelmorde — kein Gefühl der Rache — keine wilde Leidenschaft — schwächte ihr Anrecht auf die Sympathie der Menschheit. Die anmassenden Beleidigungen des Mutterlandes wurden anfangs nur durch bescheidene Petitionen und Vorstellungen beantwortet. Appellationen wurden an das angeborene Gerechtigkeitsgefühl und den Edelmuth des brittischen Soúverains gerichtet, und die Staatsmänner, welche an der Spitze des englischen Staates standen, wurden bei dem heiligen Bande unserer Verwandtschaft beschworen und Jahre lang durch demüthige Vorstellungen gewarnt, um der unvermeidlichen Folgen willen, von Massregeln abzustehen, die ebenso ungerecht wie überflüssig und den Interessen Grossbritanniens und der amerikanischen Colonien in gleichem Maasse geradezu entgegen wären.

Die Sache Washington's und die des Davis sind in den Personen der beiden Häupter incarnirt. Vergleichen wir die fleckenlose Reinheit von Washington's Charakter und sein uneigennütziges Verlangen, sich von der Macht zurückzuziehen, mit dem von Davis öffentlich in Mississippi angenommenen Grundsatz der Repudiation*) und seiner verrätherischen und grausamen Verschwörung, um unbegrenzte Gewalt für die allerschmutzigsten Motive zu erlangen, so werden wir den Unterschied zwischen der Revolution von 1776 und der Rebellion von 1860 besser verstehen.

§. 51.
Folgen des amerikanischen Unabhängigkeits-Krieges.

Die Folgen dieses Kampfes verschwanden durchaus nicht mit dem dadurch verursachten europäischen Kriege. Sie entzündeten die explosiven Elemente, welchen das politische und gesellschaftliche System Frankreichs unterlag, und die Flammen jener schrecklichen Revolution, welche viele europäische Regierungen umstürzte oder abänderte, und England selbst mit einer Schuld (900,000,000 Pfund Sterling), welche die Nation noch schwer drückt, belastete. Ohne Georg III. und Lord North würden wahrscheinlich keine solche heftigen und plötzlichen

---

*) American Slavery and Finances by the Hon. Robert J. Walker, M. A. London: William Ridgway, 169, Piccadilly, W. 1864.

Eruptionen — kein wilder Danton, Robespierre und Marat — kein enthaupteter Ludwig XVI. gewesen sein.

§. 52.

Alte Conföderation, 15. November 1777—1787.

Die dreizehn Provinzen hatten sich unter einander durch die „Artikel der Conföderation" während der Revolution vereinigt. Diese Artikel wurden durch die im Congress versammelten Delegirten der dreizehn Staaten am 15. November 1777 genehmigt.

Dies war eine Conföderation, aus welcher die einzelnen Staaten hätten ausscheiden können, wenn sie es gewünscht.

„Der Continental-Congress," sagt einer unserer bedeutendsten Geschichtsschreiber, Mr. Motley, „welcher während jener Epoche die Central-Verwaltungs-Behörde war, bestand aus einem Landtag von Abgesandten souverainer Staaten. Er konnte nur durch Requisitionen und Empfehlungen sich bewegen. Seine Functionen waren wesentlich diplomatisch wie die der jetzigen deutschen Conföderation."

§. 53.

Nordwestliches Gebiet (North-West-Territory).

Obgleich der Vertrag zu Versailles die äussern Grenzen der neuen Nation feststellte, so bedurften die innern noch der Regulirung. Verschiedene einzelne Staaten machten Ansprüche auf ein grosses unangebautes Gebiet geltend, das sich bis zum Mississippi ausdehnte. (Diagr. III. §. 50.) Die kleinen Staaten Delaware, Rhode-Island und New-Jersey fürchteten die unverhältnissmässigen Ausdehnungen solcher grossen Staaten, wie New-York und Virginien. Daher wurde das Territorium zwischen dem Ohio, dem Mississippi und den fünf grossen Seen dem Congress unter dem Namen „North-West-Territory" überwiesen. Es besteht jetzt (1865) aus den Staaten Ohio, Indiana, Illinois, Michigan und Wisconsin.

§. 54.
Anti-Sklaverei-Ordonnanz von 1787.

Im Jahre 1787, vor der Annahme der Constitution, erliess der Congress eine Ordonnanz, welche die Sklaverei für immer in diesem nordwestlichen Territorium, so wie in jedem neuen Staat, der später sollte hinzugefügt werden, verbot.

§. 55.
Flüchtige Sklaven.

Die junge Sklavenmacht hatte schon die Anti-Sklaverei-Clausel von der Unabhängigkeits-Erklärung gestrichen. Dieselbe Macht forderte und erhielt nun eine andere Bewilligung. Das Gesetz fügte hinzu: „dass Flüchtlinge, aus rechtmässigem Dienste in dies Territorium fliehend, von irgend einem dieser Staaten reklamirt werden konnten."

§. 56.
Ansichten der Väter der Republik hinsichtlich der Sklaverei.

In Jefferson's „Bermerkungen über Virginien" befindet sich folgende Stelle:

„Der ganze Verkehr zwischen Herren und Sklaven ist ein ewiges Gewebe der wildesten Leidenschaften. Von der einen Seite grenzenloser Despotismus, herabwürdigende Unterwerfung von der andern. Die Kinder sehen das Alles und gehen denselben Weg, denn der Mensch ist ein nachahmendes Geschöpf. Welche Verwünschungen würde ein Staatsmann verdienen, der es duldet, dass die eine Hälfte der Bürger die Rechte der andern mit Füssen tritt, in ihnen alle Moral und Vaterlandsliebe vernichtet. Mit der Moral wird aber auch Handel und Industrie untergraben. Wer wird arbeiten, namentlich im heissen Klima, wenn er einen Andern zwingen kann, für ihn zu arbeiten? Auch sehen wir die Eigenthümer von Sklaven nur selten arbeiten. Wer die Gesetze der Natur bricht — nach diesen Gesetzen sind alle Menschen gleich berechtigt — zieht sich ihre Rache zu. Ich zittere, wenn ich an die Gerechtigkeit Gottes denke . . . Sollte sie nicht einstmals Verwirrung, Bürgerkrieg, einen vollständigen Umsturz in unsern Ländern erzeugen?"

Es würde leicht sein, ähnliche Zeugnisse von fast allen Haupt-Staatsmännern jener Periode, die Virginiens eingerechnet, anzuführen.

Ist es nicht eine der auffallendsten Erscheinungen unserer Tage, dass in dem kurzen Zeitraum von 80 Jahren das Land so weit von seinen Grundsätzen abgewichen sein sollte, — dass so viele amerikanische Staatsmänner die Sklaverei nicht als eine unselige Nothwendigkeit, sondern als eine ruhmwürdige Einrichtung, die wo nur immer möglich aufrecht erhalten und ausgedehnt werden müsste, vertheidigen konnten! Ist es nicht erstaunlich, dass ein so grosser Theil des aufgeklärten Europa und des christlichen England laut und weit tönenden Beifall einer Rebellion, wie die Jefferson Davis', zurief? dass sich Sympathien finden konnten für die Sache des Südens und dass der Norden der Gegenstand so vieler Entstellungen und beleidigender Intriguen sein musste — dieser Norden, welcher nach 100 Jahren geduldiger Unterwerfung zu einem Lebenskampfe gezwungen wurde, streitend mit unermesslichen Opfern an Blut und Schätzen für die armen Sklaven, für die Millionen noch ungeborner Aethiopier, für Afrika's Civilisation, für Bewahrung und Fortschritt der Republik, für Menschlichkeit und christliche Freiheit — dass dieser Norden Stichreden, Verleumdungen, Beschimpfungen von so vielen Staatsmännern, edlen Lords, Parlaments-Mitgliedern, Zeitungen, gesellschaftlichen Cirkeln und selbst Kanzelrednern hören musste?

§. 57.
Schwäche der alten Conföderation.

Während des langen Unabhängigkeits-Krieges hatte das Land furchtbar gelitten. Am Schluss desselben blieben viele schwierige Fragen unerledigt, welche die Artikel der Conföderation unberührt gelassen. Der Congress hatte keine Macht, den Handel zu reguliren, Vorbereitungen für die allgemeine Vertheidigung zu treffen, Streitigkeiten zwischen den einzelnen Staaten zu schlichten oder Verträge mit fremden Ländern zu schliessen.

Die Staaten gaben widersprechende Gesetze und schlossen nebenbuhlerische Verträge mit fremden Mächten. Die Verwirrungen wurden so gross und vielfältig, dass die Freunde der Republik daheim und in der Fremde an ihrem Fortbestehen zu zweifeln anfingen. Washington schrieb an Hamilton: „Die Conföderation ist ein wesenloser Schatten, der Congress eine gehaltlose Körperschaft, dessen Beschlüsse kaum beachtet werden. Meine Ueberzeugung von der Nothwendigkeit einer durchgreifenden Reform ist die Frucht langer und bitterer Erfahrungen. Hätte der Congress mehr Macht gehabt, der Krieg wäre früher zu Ende und demnach die Unkosten viel geringer gewesen. Die Hälfte der Schwierigkeiten, während meines Oberbefehls, beinahe alle Drangsale der Armee sind aus dieser Quelle geflossen“.

§. 58.

Annahme der gegenwärtigen Constitution, 1787.

Um alle diese Uebel, so aus dem Mangel an einer mächtigen durchgreifenden Centralregierung entstanden, zu heben, wurde eine General-Versammlung am 14. März 1787 nach Philadelphia berufen. Diese Versammlung verfügte unter Washington's Vorsitz ein organisches Grundgesetz, durch welches die Nation aus dem Zustande eines Staatenbundes in den eines Bundesstaates überging, mit der Ausnahme, dass die Staaten ihre souveränen Rechte über ihre eigenen innern Angelegenheiten bewahrten. Dies ist die gegenwärtige Constitution der Vereinigten Staaten, die von der Convention am 17. September 1787 angenommen, von Washington und andern Vätern unserer Republik unterzeichnet, und später einstimmig — merke wohl — nicht von den Regierungen der Einzelstaaten, sondern von Conventionen der dreizehn Staaten, welche das Volk — nicht die Regierungen — repräsentiren und ausdrücklich zu dem Zwecke vom Volke eines jeden Staates, durchaus unabhängig von der Staatsregierung, gewählt werden, bestätigt worden ist. Zwölf Artikel (oder Amendements) sind in der Folge als Zusätze zu dieser Constitution angenommen worden, der letzte im Jahre 1804. Diese Constitution ist kein Uebereinkommen zwischen gewissen verbündeten Staaten als einzelnen Mächten, durch welches jeder einzelne Staat den Bundesartikeln nach seine Oberherrlichkeit behält. Es ist genau das Gegentheil, wie der erste Paragraph zeigt. „Wir, das Volk der Vereinigten Staaten, damit eine vollkommene Einheit hergestellt, Gerechtigkeit aufgerichtet, die innere Ruhe bewahrt, für die allgemeine Vertheidigung gesorgt, die gemeine Wohlfahrt erhöht und die Segnungen der Freiheit für uns und unsere Nachkommenschaft bewahrt werden, beschliessen und errichten diese Constitution für die Vereinigten Staaten von Amerika."

Um wieder Mr. Motley's Wort zu entlehnen:

„Es war kein Pact. Wer hörte je von einem Pact, bei dem keine Parteien waren? Oder wer hörte je von einem Pact, den eine einzelne Partei mit sich selber machte? Kein Name irgend eines Staates ist in dem ganzen Document genannt worden; die Staaten selbst sind nur erwähnt, um Befehle oder Verbote zu empfangen, und das Volk der Vereinigten Staaten ist die einzige Partei, durch welche allein das Gesetz ausgeführt wird."

„Die Constitution wurde nicht durch die Staaten entworfen, nicht im Namen der Staaten verkündigt und nicht durch die Staaten bestätigt. Die Staaten stimmten nicht bei und haben keine Macht, davon abzugehen. Sie wurde beschlossen und errichtet über die Staaten durch eine Macht, welche höher als die Staaten ist — durch das Volk des ganzen Landes in seiner Gesammtheit, handelnd durch Versammlungen von Abgeordneten, in jedem Staate ausdrücklich dazu erwählt, unabhängig von den Staats-Regierungen, nachdem der Plan gebildet worden."

Wir wünschen diesen Punkt klar darzustellen, weil die Doctrin von der Oberherrlichkeit des Staates, obgleich jeder Begründung entbehrend, in den letzten dreissig Jahren, um die beabsichtigte Rebellion vorzubereiten, systematisch durch südliche Demagogen gelehrt wurde und verschiedene hochgesinnte Männer in die Rebellion von 1860 hineinzog. Die Idee, dass ihr Staat ihr Land sei, hat manchen rechtschaffenen Südländer ins Verderben gestürzt. Stephens, Stonewall Jackson, Lee etc. scheinen zu dieser Classe zu gehören. Wenn die Geschichte zugiebt, dass solche Menschen aus Pflichtgefühl handelten, so muss sie auch ihr Erstaunen ausdrücken, dass sie über die Constitution der Vereinigten Staaten in solcher Unwissenheit schweben konnten.

§. 59.

Spur der Sklavenmacht in der Constitution.

Wir haben schon Andeutungen eines Kampfes zwischen Freiheit und Sklaverei gesehen. Die freien Staaten und ein grosser Theil der Sklavenstaaten selbst betrachteten den afrikanischen Sklavenhandel als eine Sünde und die Neger-Sklaverei als eine schmachvolle Einrichtung. In der That, die grössten Staatsmänner Amerika's: Washington, Franklin, Hamilton etc. meinten bloss, es sei nur die Frage, wann und wie sie abzuschaffen sei. Aber die Sklavenmacht widersetzte sich vom Anfang dieser ersehnten Reform. Selbst in der frühesten Periode, als sie noch das schwächere Element war, hatte sie einen Weg entdeckt, um ihren Willen zu erzwingen: — nämlich: Drohung mit Bürgerkrieg. Die Clausel, welche gegen die Sklaverei protestirte, würde aus der Unabhängigkeits-Erklärung ein übereinstimmendes Document gemacht haben. Die Sklavenmacht sagte: „Streicht es aus." Und es ward ausgestrichen! (§. 37.) Im Jahre 1787 erliessen die freien Staaten ein Gesetz gegen die Sklaverei in dem nordwestlichen Territorium. Aber der Süden verlangte die Neutralisirung dieses Verbots durch die Concession des Rechts, die nach den freien Staaten von der Arbeit Geflüchteten wieder zurückzuholen (§. 55). Sollte dieses Recht verweigert werden, so drohte er — Bürgerkrieg! Die Schwäche der Conföderation und die Gefahr eines Bürgerkrieges zu jener Zeit setzten den Süden in Stand, den Norden zu beherrschen.

Die zu der Annahme der Constitution berufene Versammlung hatte mit einer andern Lebensfrage zu thun — mit dem afrikanischen Sklavenhandel selbst. Die Majorität derer, welche jenes Document unterzeichneten, wünschte aufrichtig, die Constitution ganz im Geiste der christlichen Gerechtigkeit aufzubauen. Aber die durch frühere Siege kühn gewordene Sklavenmacht stand auf inmitten der Versammlung, erhob das halb aus der Scheide gezogene Schwerdt des Bürgerkrieges, und sagte: Ihr habt eine Clausel in Eurem grossen Document ausgelassen. Schreibt „Sklaverei" hinein, oder wir reissen es in Stücke". — Aber wie können wir, für die Freiheit kämpfend, Sklaverei gerade auf die Stirn unserer Republik schreiben"? — Die Sklavenmacht erwiderte: „Schreibt"! — Und es wurde geschrieben! Washington, Hamilton, Franklin, Madison beugten ihre Häupter bei der Drohung „Bürgerkrieg"; und die schneeweisse Seite der Constitution ward befleckt durch jene Sklaven-Clauseln, welche die Quelle solcher weit verbreiteten Entsittlichung und unsäglichen Unglücks unseres Landes geworden sind.

§. 60.

Klauseln in der Constitution dienstpflichtige Personen betreffend.

Die Constitution enthält drei Clauseln:

Erstens: Die Zahl der Repräsentanten und die directen Taxen sollen in den verschiedenen Staaten, welche in diese Union eingeschlossen werden mögen, nach ihrer respectiven Volkszahl bestimmt werden. Diese Volkszahl soll also festgesetzt sein, dass zu der ganzen Zahl freier Personen, worunter diejenigen mit einbegriffen sind, die sich nur auf eine bestimmte Anzahl von Jahren zum Dienen verpflichtet haben, wovon aber die nicht beschätzten Indianer ausgeschlossen werden, noch drei Fünftheile aller andern Personen hinzugefügt werden. (Art. I.)

Zweitens: Die Einwanderung oder Einführung solcher Personen, welche einer der gegenwärtigen Staaten zuzulassen für gut findet, soll nicht vor dem Jahre 1808 von dem Congress verboten werden Es soll aber eine Taxe oder Abgabe auf solche Einführung gelegt werden; doch soll sie nicht über zehn Dollars für jede Person betragen. (Art. I.)

Drittens: Wenn Jemand, der in einem Staate zu Diensten oder Arbeit verpflichtet ist, nach einem andern entläuft, so kann er nicht, nach irgend einem Gesetze oder einer Anordnung in demselben, von jenem Dienste oder der Arbeit freigesprochen werden; sondern er muss auf Verlangen dessen, dem er solchen Dienst oder solche Arbeit schuldig ist, wieder ausgeliefert werden. (Art. IV.)

Hier, beachte wohl, ist keine Anerkennung der Sklaverei (als solche) oder der Farbe. Das Wort „Sklave" ist sorgfältig vermieden. Das Wort „Person“ ist immer gebraucht. Ein Unterschied zwischen freien und nicht freien Personen ist zugelassen. Aber die nicht freien sind nirgends als Sklaven oder Schwarzen schimpflich bezeichnet, sondern als Personen, die zu „Diensten oder Arbeit verpflichtet sind.“ Der Dienst ist nirgends als immerwährend, entehrend oder mit den Grundsätzen, welche in der Constitution und der Unabhängigkeits-Erklärung niedergelegt sind, als unvereinbar erklärt. Der Sklavenhandel ist nicht genannt, als ob ein solch schmutziges Wort auch nicht geschrieben werden könnte. Was diesen „vom Himmel gutgeheissenen Eckstein“ betrifft, so war Alles, was die Sklavenmacht erreichen konnte, dass der Todesstreich bis zum Jahre 1808 verschoben werden sollte.

§. 61.
Zugestandene Rechte der Sklavenmacht in der Constitution.

Es kann doch nicht geleugnet werden, dass die Constitution indirect die Sklaverei anerkannte. Hier ist die Basis, auf welche jene Institution ihre erhabenen Zinnen gebaut hat. Dreiviertel Jahrhundert lang haben diese Clauseln die Nation in einer falschen Stellung erhalten. Die öffentliche Meinung in dem grössten Theil des Nordens ist regelmässig in der Richtung christlicher Civilisation vorgeschritten und sah mit steigender Unruhe, mit wachsendem Schrecken, dass die Sklaverei weit entfernt war zu erlöschen, wie die Gründer jener Constitution erwartet hatten, und dass die Sklavenmacht abscheulicher, mächtiger, gewissenloser, unverschämter wurde und immer mehr und mehr entschlossen war, das Land zu demoralisiren, zu unterjochen oder zu Grunde zu richten.

§. 62.
Warum Washington und seine Collegen diese Clauseln zuliessen.

Warum liessen Washington und seine Collegen die Clauseln über die Sklaverei zu? Ohne eine klare Beleuchtung dieses Punktes kann der europäische Leser sich keine correcte Meinung über den Bürgerkrieg bilden, noch im Stande sein, das ausgebreitete System der falschen Darstellungen, welches die sogenannten conföderirten Staaten in Europa organisirt hatten, und deren schamlose Agenten, Journale wie die Londoner Times etc., waren, zu verstehen.

Wenn die Väter der Republik zugaben, dass die Sklaverei auf constitutionellem Boden ruhen durfte, — wie sie unzweifelhaft thaten, — so war das einer jener Vergleiche, — jener unseligen Vergleiche, welche der Norden mit der Sklavenmacht geschlossen, theils um den drohenden Bürgerkrieg zu vermeiden, theils in dem Glauben, dass die Sklaverei eine so ungeheuerliche Einrichtung sei, dass sie von selbst verschwinden müsse. Wenn also die Sklaverei auf constitutionellem Boden stand, so hatte sie doch diese unleugbare Eigenthümlichkeit. Ihre Constitutionalität als ein permanentes Element in unserm System war hinfällig. Sie war der Absicht der grossen Majorität durchaus entgegen. Die Gründer der Republik vermutheten nicht, dass sie sie permanent beschützt hatten. Sie kannten nicht die abscheuliche Lebenskraft dieser in der Hölle erzeugten Institution, noch den Grad, bis zu welchem dieselbe das menschliche Urtheil verkehren und das menschliche Herz verderben konnte.

In der Versammlung nahm die Debatte solchen stürmischen Charakter an, dass sie oftmals auf dem Punkt war, sich aufzulösen. Die Anti-Sklaverei-Partei, grossentheils den südlichen Staaten angehörig, bestrebte sich, die Constitution zu beschützen, aber die beiden Carolinas und Georgien verlangten mit schamlosen Drohungen, dass das abscheuliche Recht des afrikanischen Sklavenhandels als ein Fundamental-Grundsatz in die Constitution aufgenommen würde. Dies wurde durchaus abgeschlagen. Hier verfehlten für ein Mal das blitzende Schwert und die knallende Peitsche der Sklavenmacht ihren Zweck. Dem Sklavenhandel wurde nur eine Frist von 21 Jahren bewilligt. Im Jahre 1808 wurde dies Verbrechen mit dem Tode bestraft.*) Der Sklavenhandel wurde für den Strom, welcher den Baum bewässerte, gehalten; wenn der Strom austrocknete, musste der Baum verwelken. Die Sklaven-Clauseln waren also in die Constitution eingeschoben, nicht um die Sklaverei fortzupflanzen, gutzuheissen und zu beschützen, sondern bloss um den Gefahren einer zu plötzlichen Emancipation zuvor zu kommen und den Uebergang des Landes aus dem Zustande einer hülflosen Colonie, welcher Sklaverei und Sklavenhandel von der Mutter-Regierung aufgedrungen waren, in den eines unabhängigen Staates zu sichern, der nur bei Grundsätzen unvereinbar mit Sklavenhandel, Sklaverei und Ungerechtigkeit jeder Art gedeihen konnte.

§. 63.
Argument der Sklavenpartei.

Aber was beweist das Alles? Beweist es, dass die Sklaverei kein Recht hatte in unserer Constitution, weil dieses Recht mit Widerwillen und aus Nothwendigkeit gegeben war? Weil die, welche es gewährten, hofften und voraussetzten, es könnte nicht aufrecht erhalten werden? Sind solche Erwägungen genügend, um ein geschriebenes Document für nichtig zu erklären? Wenn Jemand einen Schuldschein mit Widerwillen und nothgedrungen unterzeichnet, ist der Schuldschein deshalb weniger bindend? Was haben die Sklavenbesitzer mit der Absicht und den Gesinnungen der Männer, welche die Constitution unterzeichneten, zu thun? Sie unterzeichneten ja doch! — Es ist eine feierlich proclamirte Constitution! — Es wurde unterzeichnet von jenen ehrwürdigen Namen: Washington, Hamilton, Franklin etc., welche die Nation repräsentirten! Er ist eine Constitution, die wir für uns selbst gewählt haben! — Wir haben unter ihr in Frieden und Wohlfahrt gelebt; sie

*) Die Vereinigten Staaten waren die ersten unter den Nationen, welche 1808 den Sklavenhandel für Seeräuberei erklärten. Während der vier vorhergehenden Jahre hatte Süd-Carolina in 204 Schiffen 39,075 Sklaven von Afrika eingeführt. (Neumann's Geschichte der Vereinigten Staaten.)

ist von unberechenbarem Vortheil gewesen und wir sind durch sie gebunden!

§. 64.

Erwiderung auf dieses Argument.

Diesem Argument war nichts zu entgegnen. Die Sklavenpartei stand auf constitutionellem Boden. Ihr Recht glich freilich etwas dem des Shylock vor dem Gerichtshof zu Venedig, nichtsdestoweniger war es ein Recht, und die Bundesregierung und der Norden erkannten es an. Sie mischten sich nie auf unconstitutionellem Wege in dieses Recht ein; sie würden es nimmer gethan haben, und haben es auch nicht gethan.

So hatte denn die Sklavenpartei also verfassungsmässige Rechte. Welches waren diese?

Erstens: Sie hatte ein Recht auf die Sklaven-Institution in ihren eigenen Staaten.

Zweitens: Sie hatte das verfassungsmässige Recht, für die Sklaverei in den Sklavenstaaten Gesetze zu geben, Weiber zu geisseln, Familien auf dem Sklavenmarkt zu trennen, Kinder vom Busen der Mütter zu reissen und menschliche Wesen innerhalb der Grenzen ihres eigenen Staates mit Bluthunden zu jagen und zu hetzen. — Aber sie hatte nicht das verfassungsmässige Recht, in den freien Staaten diese Handlungen vorzunehmen. Massachusetts hatte nicht mehr Recht für Süd-Carolina über diesen Punkt Gesetze zu geben, als für Egypten oder Madagascar. Aber dann hatte auch Süd-Carolina nicht mehr Recht, für Massachusetts Gesetze vorzuschreiben.

Drittens: Die Sklaven-Partei hatte ein Recht, die Sklaverei in den Sklavenstaaten so lange als ihr gefiel aufrecht zu erhalten.

Viertens: Sie hatte das Recht, die Sklaverei auf friedlichem und constitutionellem Wege über die Territorien und die andern Staaten auszudehnen.

Fünftens: Sie hatte das Recht, die flüchtigen Sklaven von den freien Staaten zu reclamiren, und zwar auf jedem Wege, welcher nicht die Constitution selbst oder irgend eine constitutionelle Gesetzgebung in den Freistaaten verletzte.

Sechstens: Sie hatte ein Recht, so oft sie konnte, auf constitutionellem und friedlichem Wege einen Präsidenten, welcher für die Sklaverei war, zu wählen.

Siebentens: Sie hatte ein Recht, die Sklavenfrage zu discutiren und die Sklaverei zu vertheidigen.. Die „wenigen kühnen Geister“, von denen Hammond spricht (§. 123), welche zur Zufriedenheit fast jedes Südländers bewiesen: „dass die Sklaverei gleich vortheilhaft für den Herrn und Sklaven sei, indem sie Beide erhebe; dass sie Wohlstand, Kraft und Macht begründe; dass sie einen der Hauptpfeiler der modernen Civilisation bilde,“ — diese „wenigen kühnen Geister“ hatten ein Recht, dies zu beweisen, wenn sie konnten. Die Constitution sagt: Der Congress soll kein Gesetz geben, welches die Rede- und die Pressfreiheit verkürze oder das Recht des Volkes, Versammlungen zu berufen und Petitionen an die Regierung zu richten.

Die Sklavenpartei besass also diese Rechte und Niemand, mit Ausnahme einer verhältnissmässig geringen Anzahl von Individuen, bestritt die freie Ausübung derselben, so lange sie in den Grenzen der Constitution blieben. Aber während die Sklavenmacht selbst diese Rechte ausübte, weigerte sie sich, die entsprechenden Rechte, welche die Constitution den freien Staaten bewilligte, anzuerkennen. Sie verweigerte unter Androhung des Bürgerkrieges dem Norden das Recht, die Sklaven-Frage zu erörtern. Zwanzig Millionen eines gebildeten Volkes sollten durch Menschen, wie Jefferson Davis und seine Mitdemagogen, gezwungen werden, ihre Lippen zu verschliessen, ihre Presse zu beschränken, ihrem Recht auf Association und Petition zu entsagen, und sogar kein Urtheil über einen Gegenstand zu haben, welchen die „wenigen kühnen Geister des Südens“ wider alles Gesetz, alle Vernunft und alle Menschlichkeit angeregt hatten.

Dennoch hatte, bemerket wohl, die Anti-Sklavereipartei ihre

Rechte, obgleich die Sklavenpartei diese nicht zugeben wollte. Ihr Raisonnement über die Constitution den nördlichen Staaten gegenüber ist immer folgendes gewesen:

„This is a kind of engagement, you see,
Which is binding on you but not binding on me!“ —

Was für Rechte hatte die Anti-Sklavereipartei? Sie hatte alle Rechte, welche denen der Sklavenpartei entsprachen.

Erstens: Sie hatte ein Recht zu der Institution der Freiheit; ein Recht, die Sklaverei von den Grenzen der eigenen Staaten auszuschliessen, mit einer einzigen Ausnahme: — Die Constitution hatte dem Sklavenherrn das Recht gegeben, nicht flüchtige Sklaven, sondern dienstpflichtige Personen durch das Gebiet der Vereinigten Staaten, wohin auch immer sie fliehen mochten, zu verfolgen. Aber dieses Recht durfte nur ausgeübt werden (§. 112) mit Bezug und in Rücksicht auf andere constitutionelle Rechte, welche jedem Staate garantirt waren.

Zweitens: Sie hatte ein Recht, (nicht anti-constitutionelle) Gesetze für die Freiheit auf ihrem eigenen Boden zu geben. Süd-Carolina hatte nicht mehr Recht, sich in diese Gesetzgebung zu mischen, als der Imam von Muscat.

Drittens: Sie hatte ein Recht, die Freiheit auf constitutionellem Wege über die Territorien und die andern Staaten auszudehnen.

Viertens: Sie hatte ein Recht über die Constitutionalität und die Ausführung jedes Gesetzes, die Auslieferung dienstpflichtiger Personen betreffend, zu wachen und Sorge zu tragen, dass der Sklavengebieter nicht auf unrechtmässigem Wege irgend eine Person von ihrem heimathlichen Boden wegführe.

Fünftens: Sie hatte ein Recht, die Sklavenfrage anzuregen und durch Press- und Redefreiheit zu zeigen, dass die „wenigen kühnen Geister“ des Mr. Hammond nicht zu dem richtigen Schluss über die Sklaverei gekommen wären.

Sechtens; Sie hatte ein Recht, wenn sie konnte, auf gesetz

mässigem und friedlichem Wege einen Präsidenten, der gegen die Sklaverei war, zu ernennen.

Siebentens: Sie hatte ein Recht, die Constitution zu amendiren und die Sklaverei-Clauseln auszustreichen.

Der Norden ist in diesem grossen Kampfe immer auf constitutionellem Boden geblieben, den im Gegentheil der Süden gewissenlos verlassen hat, wie wir aus der einfachen Darlegung historischer Thatsachen ersehen werden.

§. 65.

Washington, Präsident, 1789.

Washington war der erste Präsident 1789. Ueber seinen Titel fand im Congress eine kurze Erörterung statt. Ein Comité schlug Folgendes vor: „Seine Hoheit der Präsident der Vereinigten Staaten und Beschützer ihrer Freiheiten.“ — Im Privatleben war es eine Zeitlang Sitte, ihn „Eure Hoheit“ anzureden, aber ein officieller Titel ward ihm durch den Congress nicht beigelegt. In seinem Cabinet waren Hamilton und Jefferson.

Zu jener Zeit war England mit dem Process von Warren Hastings beschäftigt und Frankreich unterlag dem ersten Ausbruch der französischen Revolution. Die Nationalversammlung hatte sich gerade constituirt. Die Feudal-Privilegien wurden abgeschafft. Die Bastille wurde durch das Volk angegriffen und erstürmt. Leopold II. war Kaiser des Heiligen Römisch-Deutschen Reiches. Friedrich der Grosse war eben gestorben.

§. 66.

Innere Angelegenheiten.

Unsere neue Regierung handelte ungeschickt. Sie war unerfahren. Es gab kein Marine-Departement. Der Krieg hatte 135,000,000 Dollars und 70,000 Mann gekostet, ausserdem eine öffentliche Schuld von 43,000,000 Dollars geschaffen. Auch das Parteiwesen erhob sich.

§. 67.

Föderalisten und Demokraten.

Die Anti-Föderalisten oder Demokraten hatten sich der Constitution widersetzt, weil sie eine streng bundesmässige Regierung schuf. Sie wünschten die Oberherrlichkeit der Staaten. Die Föderalisten oder Whigs befürworteten eine Central-Regierung, welche stark genug sei, ihren Beschlüssen Geltung zu verschaffen. Dieser Zwiespalt existirte sogar im Cabinet Jefferson war Demokrat, Hamilton Föderalist. Washington sah die Nothwendigkeit einer wirklichen Central-Regierung ein. Erhaben über alle Leidenschaften und Parteirichtungen wusste sein ruhiger und besonnener Geist die widerstreitenden Elemente auszusöhnen und das Land auf einer Bahn beispielloser Wohlfahrt zu führen. Unser Handel machte schnelle Fortschritte und breitete sich über alle Meere aus. Eine Fluth von Einwanderern siedelte sich in den wüsten Landstrichen an. Das Gouvernement wurde organisirt; Gerichtshöfe eingerichtet; nothwendige Gesetze für die Erhebung von Einfuhrzöllen erlassen. Hamilton stand an der Spitze der Finanzverwaltung und erhob dies Departement aus seinem gesunkenen Zustande. Er gründete das Banksystem, durch welches geeignete Vorkehrungen getroffen wurden, die Zinsen der öffentlichen Schuld zu bezahlen. Eine unbedeutende Insurrection in Pennsylvanien wurde ohne Blutvergiessen unterdrückt. Ein Krieg mit den Indianern brach ihre Macht im Nord-Westen, und die spätere Uebergabe verschiedener Posten durch England befestigte den Frieden.

§. 68.

Auswärtige Angelegenheiten.

Während die inneren Angelegenheiten auf diese Weise erfolgreich geordnet waren, nahmen unsere auswärtigen Beziehungen eine drohende Gestalt an. Die durch die anti-föderalistische Partei beeinflusste Nation war vom Wunsche entflammt, an der französischen Revolution Theil zunehmen und sich in einen Krieg mit Gross-Britannien zu stürzen. Die Weigerung desselben eine Reihe Posten aufzugeben, welche uns an der Nord-West-Grenze abgetreten worden waren und seine Anmassung des Rechts Seemänner am Bord unserer Schiffe zu erpressen, machten es für Washington sehr schwierig, der Kriegspartei zu widerstehen. Die französische Republik sandte 1793 Genet als Minister nach den Vereinigten Staaten in der Absicht, unsere Regierung in einen Krieg mit Gross-Britannien hineinzuziehen. Mit unerschütterlicher Entschlossenheit widersetzte sich Washington und forderte die Zurückberufung Genets, ja er knüpfte sogar engere Beziehungen zu England an. Die volksthümliche französische Partei verlangte die Mittheilung der unserm Vertreter in London gegebenen Instructionen. Washington verweigerte dieselbe und stellte auf diese Weise seine Popularität auf eine harte Probe. In der That war er der Gegenstand bitterer Verleumdungen und grossen Misstrauens. Doch muss ja jeder Staatsmann vorbereitet sein, solches zu leiden, wenn er treulich den Pfad der Pflicht verfolgt.

Eine Neutralitäts-Erklärung überhob die Nation einer unermesslichen Gefahr.

Ein Vertrag wurde mit England geschlossen, welcher die französische Regierung so erbitterte, dass sie ihrem Zorn durch Benachtheiligung des amerikanischen Handels und durch eine Beschimpfung des amerikanischen Ministers, Mr. Pinkney, Luft machte.

Washington, zweimal zum Präsidenten erwählt, schlug zum dritten Male diese Würde aus. Die amerikanische Encyclopädie sagt: „Man konnte hoffen, dass, indem er so die Wolken eines auswärtigen Krieges zerstreute, einer ungeheuren unbestimmten Grenze Sicherheit gab, jedem Zweige der Industrie Leben einflösste, und das Land Schritt für Schritt auf dem Wege beispielloser Wohlfahrt führte, die Popularität des Präsidenten, welche in der That nicht mehr zunehmen konnte, wenigstens erhalten worden wäre. In keiner Periode seines Lebens jedoch war sie so wesentlich vermindert als in dem letzten Jahre seiner zweiten Verwaltung, und nirgends so sehr als in seinem Geburtslande Virginien."

Im Jahre 1796 gab er seine Abschieds-Adresse heraus und zog sich, wie er glaubte für immer, in die Ruhe des Privatlebens zurück. Aber ein Jahr nach seinem Rücktritt zwang das Verfahren des französischen Directoriums die Vereinigten Staaten zur Kriegsrüstung und Washington wurde wieder an die Spitze der Armee gerufen.

Er starb, noch bevor dieser Streit gütlich beigelegt war, in seinem 68. Jahre, am 14. December 1799.

§. 69.
Washington's Charakter.

Washington ist billig der Gegenstand der Volksverehrung und verdient die Lobsprüche, welche man ihm widmet Er war „der Erste im Kriege," der Erste im Frieden und der Erste in den Herzen seiner Landsleute. Sein Ruhm beschränkt sich nicht auf Amerika und das Zeitalter, in welchem er lebte, sondern hat sich über alle Nationen ausgebreitet und ist ein Theil der Geschichte geworden. Es ist zugegeben, dass er der grösste Mann der neuern Zeit war. Aber Washington war mehr als ein grosser General. Er ist mit Recht der Grösste der guten Menschen und der Beste der grossen Männer genannt worden. Worin bestand das Hervorragende in ihm? Es war nicht blendendes militärisches Genie, nicht zauberische Beredtsamkeit. Keine einzige Eigenschaft seines Geistes steht einzeln erhaben da über dem menschlichen Niveau, aber alle die höchsten Elemente, welche einen edlen, weisen, tugendhaften, uninteressirten Charakter bilden, sind harmonisch in einander verschmolzen, während gewöhnliche und selbstische Eigenschaften ausgeschlossen sind. Sein Schwert war nicht gezogen, um ungeborne Millionen in Fesseln zu schlagen — um den afrikanischen Sklavenhandel aus gemeiner Gier nach Gold und Macht wieder zu eröffnen — um Kummer und Schmach auf die Stirn des armen, rechtlichen, weissen Arbeiters zu schreiben — um freie Institutionen zu unterdrücken und sich durch den Schweiss, die Thränen und das Blut seiner Mitgeschöpfe zu bereichern. Niemals handelte er um des eigenen Vortheils willen oder um die Pläne der Partei zu fördern. Er stritt nur für das Rechte. Er war ohne Ehrgeiz, ausser für sein Vaterland. Er haschte nicht nach Popularität, und scheute sich nicht, dieselbe auf das Spiel zu setzen, wo die Pflicht es gebot. Er verweigerte jede pecuniäre Compensation während der Zeit seiner militärischen Dienste und „jene glänzende Belohnung kühner Geister" — eine Krone — hatte keinen Reiz für ihn. Militärischen Ruhm liess er so sehr ausser Augen, dass er häufig den Loorbeerkranz auf die Stirn seines Nebenbuhlers setzte, wenn er glaubte, dass der Vortheil seines Landes es erforderte. Die Huldigungen, welche ihm das Volk nach dem Kriege darbrachte, wo er auch immer erscheinen mochte, und die Blumen, die man ihm vor seines Rosses Hufe streute, erweckten in ihm kein Verlangen nach der berauschenden Ehre politischer Macht. Für das allgemeine Beste Opfer zu bringen, war er immer bereit, und nie trat seine Aufopferungsfähigkeit in ein helleres Licht, als indem er zweimal einwilligte, den Präsidenten-Stuhl einzunehmen — diesen Stuhl, der seitdem so begierig von so vielen kämpfenden Politikern gesucht worden ist, deren Ziel oftmals nicht die Erhaltung, sondern die Zerstörung ihres Landes war! Sein Widerstand gegen eine dritte Präsidentur war nicht gleich dem Cäsar's:

„Ihr Alle saht, dass auf dem Lupercal
Ich dreimal bot ihm eine Königskrone,
Die dreimal er verschmähte".

In Washington lebte eine angeborne strenge Grösse, die den Argwohn völlig niederschlägt, dass diese bescheidne und seltne Ueberlegenheit nicht ebenso wahr als ungewöhnlich und edel war.

In seiner letzten Lebensperiode hatte er mit tiefem Widerwillen zum dritten Mal die Ruhe des Privatlebens verlassen und den Oberbefehl über die Armee übernommen in der Erwartung, das Schwert gegen Napoleon ziehen zu müssen. Dieser Geist der Selbstaufopferung erhebt ihn über andere Männer. Die bewunderungswürdigen, geistigen und moralischen Eigenschaften seines Charakters hatten diesen christlichen Grundsatz der Opferwilligkeit zur krönenden Glorie. Er war hervorragend, weil er christlich, weise, unbeugsam, consequent und durchaus uninteressirt und rechtschaffen war. Seine Tugenden als Soldat und Staatsmann waren der Spiegel seines Privatlebens, in Reinheit und Redlichkeit. Von ihm mögen wir in der That sagen: „Siehe, ein rechter Israelit, in dem kein Falsch ist!"

Folgendes ist der amerikanischen Encyclopädie entlehnt: „Washington war 6 Fuss, 2 Zoll gross, in der Jugend schmal, doch wohl proportionirt und nie zu stämmig für rasche und leichte Bewegung. Er war ein kühner, anmuthiger Reiter und folgte den Jagdhunden mit Eifer und Feuer. In Kleidung und persönlichem Auftreten zeichnete er sich durch eine gewisse Eleganz aus; seine Manieren waren fein und sanft, besonders gegen die Jugend, mit einer gewissen militärischen Zurückhaltung in öffentlichen Cirkeln. Er war weder gesprächig noch ungebührlich schweigsam; seine Gegenwart legte der Jugend und dem Frohsinn keinen Zwang auf, ja, zu geeigneter Zeit gab er sich einer anständigen Fröhlichkeit hin, und sass nur gelegentlicht schweigsam da, seine Lippen bewegend, aber kein Wort hervorbringend. Er war kinderlos, aber höchst glücklich in seiner Häuslichkeit. .... Zu den andern Zügen der Vortrefflichkeit seines Characters kam noch die tiefe Ueberzeugung religiöser Wahrheit, fester Glaube an einen regierenden Gott, Ehrfurcht vor der heiligen Schrift und den Satzungen der christlichen Kirche, in deren Gemeinschaft er ein Mitglied war."

Wir lenken die Aufmerksamkeit besonders auf Washington's wahre Grösse, weil eins der Zeichen unserer Zeit eine Tendenz ist, alle Grenzsteine wegzurücken, Richtschnuren und Meinungen umzuwerfen und Licht für Dunkelheit und Dunkelheit für Licht zu setzen. Wenn wir die Charaktere studiren, welche die Rebellion von 1860 schufen, die Motive, die vorangegangenen Thatsachen, die wilden Leidenschaften, den sorglosen Ehrgeiz, die öffentlichen Sünden, die Privat-Laster, die schrankenlose Gier nach Gold, die schnöde Verletzung der Ehre und Wahrheit, die Entweihung der heiligen Schrift, die kolossalen Grausamkeiten und den wilden Durst nach Rache — so wenden wir uns zu Washington zurück wie:

„From torches which have burned all night
In some impure and godless rite,
We turn to morning glorious rays.“

§. 70.

Europa während Washington's Administration.

Während der Verwaltung Washington's waren die Europäischen Hauptereignisse folgende: Enthauptung Ludwig XVI. und der Königin — Schreckensregierung — Hinrichtung Danton's und Robespierre's — Erhebung des Napoleonismus und letzte Theilung Polens.

§. 71.

John Adams, Präsident, 1797—1801.

John Adams folgte Washington. Während seiner Verwaltung wurden die Schwierigkeiten mit Frankreich durch den Vertrag vom September 1800 beigelegt, in welchem der Grundsatz: frei Schiff, frei Gut anerkannt wurde.

Im Jahre 1800 wurde die Stadt Washington der Sitz der Regierung.

Mr. Adams Regierung erregte mächtige Widersacher und er ward nicht wieder erwählt. Die beiden Acte, als Alien and Sedition laws (Fremden und Aufstandsgesetze) bekannt, waren besonders unpopulär. Das eine ermächtigte den Präsidenten, den Ausländern, welche gegen den Frieden der Vereinigten Staaten conspirirten, zu befehlen, das Land zu verlassen. Das andre beschränkte die Rede- und Pressfreiheit. Beide Gesetze waren durch die Thatsachen hervorgerufen, dass das Land von englischen und französischen Agenten wimmelte, um die Vereinigten Staaten in europäische Kämpfe zu verwickeln, und dass die Presse hauptsächlich in den Händen grundsatzloser britischer und irischer Abenteurer war.

Mr. Adams war einer der besten und grössten Männer aus jenem berühmten Kreise, welchem unsere Republik ihr Dasein verdankt. Sein Character zeigte Einfachheit, Wahrheit und Energie.

§. 72.

Thomas Jefferson, Präsident. 1801—1809.

Cession von Louisiana, 1803.

Thomas Jefferson ward zweimal von der demokratischen Partei erwählt. Während seiner Verwaltung wurde im Jahre 1803 Louisiana (§. 49 u. Diagr. IV.) von Frankreich für 15,000,000 Dollars gekauft. Bonaparte erklärte, er träte dieses weite Territorium in der Absicht an Amerika ab, um England einen Nebenbuhler in der Seemacht zu schaffen. Die Staaten Louisiana, Arkansas, Missouri, Iowa, Minnesota, Kansas, Oregon, die Territorien Nebraska, Dakota, Montana, Idaho, Washington, Nevadah, Utah und Colorado nehmen jetzt diesen unermesslichen Landstrich ein. Das ganze Land, nördlich und westlich zwischen dem Mississippi, dem Stillen Meere und den britischen Besitzungen wurde, mit Ausnahme des Districts, welchen Spanien damals besass, ein Theil der amerikanischen Union. Auf diese Weise erlangte die Republik eine sichere Oceansgränze, die grossen Flussgebiete des Mississippi und des Missouri und den freien Gebrauch des Ohio. Die Küste des Stillen Meeres machte indessen Gross-Britannien späterhin streitig (§. 104). Neu-Orleans wurde so der Schlüssel des ganzen Landes. Der Name Louisiana wurde zu Ehren Ludwig des XIV. gegeben.

Man glaubt, dass das heutige Frankreich mit Bedauern auf die Cession dieses Territoriums zurückblicke. Ein französischer Schriftsteller erklärt, indem er Louisiana beschreibt,

Diagr. IV.

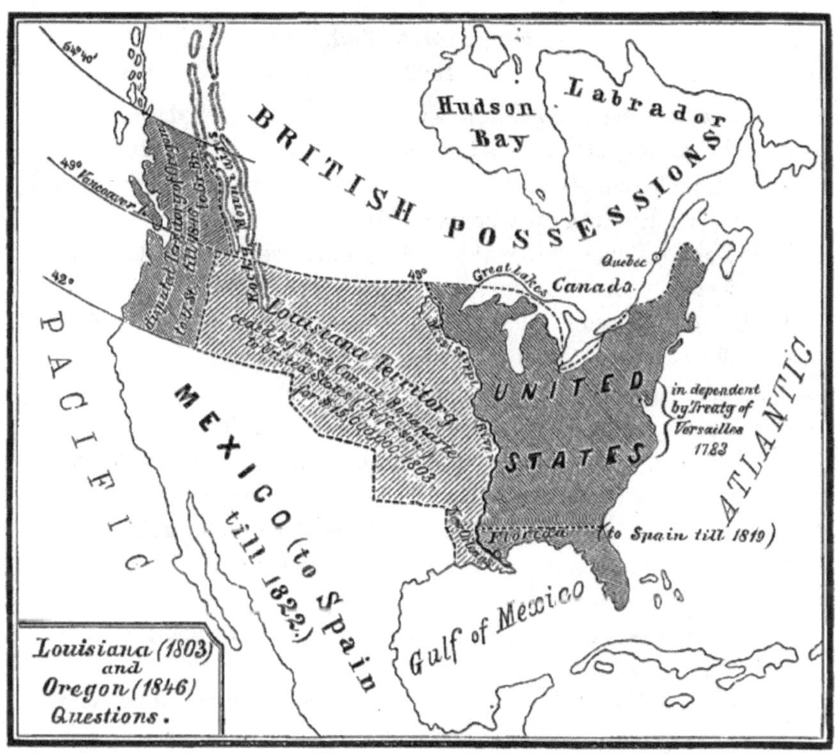

„Frankreich könne den Namen nicht ohne Bewegung hören. Der Name, die Einwohner, Alles ist französisch und es bewahrt französische Civilisation. Französisch ist die Sprache in New-Orleans, wo die düstern Sitten des strengen Yankeethums noch nicht haben durchdringen können. Trotz des Sabbaths ist der Sonntag noch immer der Tag des Vergnügens, der freundschaftlichen Besuche, der Festlichkeiten und des Gesanges, und das kleinste Instrument, die Violine, das Gaboulet und das Tambourin sind die Seele jeder Versammlung!“

§. 73.
Hamilton's Tod.
1804.

Der berühmte Hamilton wurde im Jahre 1804 durch Burr im Zweikampf getödtet. Dieser glaubte, dass er ohne Hamilton zum Präsidenten erwählt worden wäre. Ebenso verhinderte Hamilton auch dessen Ernennung zum Gouverneur des Staates New-York. Seine Opposition gegen Burr war nicht allein gerechtfertigt, sondern durchaus von seiner Pflicht erfordert. Hamilton's Meinung über Burr's Unmoralität war seiner Zeit von Washington getheilt worden. Jeder Bürger ist verbunden, sich der Ernennung eines charakterlosen Politikers zu widersetzen. Die Vernachlässigung dieser Pflicht hat fast den Untergang unseres Landes verursacht. Burr beschloss Rache zu nehmen. Er forderte Hamilton auf zu leugnen, er habe irgend welche seiner Ehre nachtheiligen Ausdrücke gebraucht. Hamilton, der das nicht thun konnte, war somit ein Opfer des beklagenswerthen Irrthums, dass er verpflichtet sei, sein Leben der Hand des Mörders, der nach seinem Blute lechzte, hinzugeben.

Hier haben wir eine recht augenfällige Beleuchtung und Erläuterung der brutalen Sitte des Zweikampfs. Der Freigeist, welcher später sein Vaterland verrieth, wagt es nach dem Leben des Patrioten, Kriegers und Staatsmannes zu trachten, weil der Letztere sich seinen ehrgeizigen Plänen widersetzte. Es war Hamilton's Pflicht, dieses Duell abzulehnen. Nicht allein die Religion, sondern auch der Patriotismus geboten dies. Er hatte nicht mehr Recht sein Leben in die Hand seines unwürdigen Feindes zu geben, als sonst dem Buchstaben oder dem Geiste nach irgend ein anders Gebot Gottes zu übertreten. Sein Leben gehörte erst Gott — dann seinem Lande — endlich seiner Familie. Zu Weehawken, New-York gegenüber, fand das Duell Statt. Beim ersten Schuss empfing Hamilton eine tödtliche Wunde, an der er schon am nächsten Tage starb. Seitdem ist die Thorheit und Strafbarkeit des Zweikampfes mehr als je in den nördlichen Staaten anerkannt worden, und man meint, wenn Hamilton heute in derselben Lage wäre, würde er auf keinen Fall einer so barbarischen Sitte nachgeben.*)

§. 74.
Krieg mit Tripolis.
1803—1805.

Die Frechheit der Piraten-Staaten rief einen Krieg hervor, welcher reich an interessanten Ereignissen war. Ein amerikanisches Geschwader, unter Preble's Commando, bombadirte die Stadt Tripolis, fand aber einen verzweifelten Widerstand. Tripolitanische Kriegsboote ankerten ausserhalb und innerhalb des Hafens und waren durch Batterien geschützt. Das amerikanische Schiff „Constitution“ hatte mit seinen Kanonenbooten ein mehr als dreistündiges Handgemenge zu überstehen und nahm viele Boote und Bombenschiffe des Feindes. Die „Constitution“ war einmal unter einem Feuer von 70 schweren Kanonen. Commandant Preble rüstete einen Brander, den „Intrepid“ aus, welcher ausser mit 150 Bomben mit 100 Tonnen Geschützpulver beladen war. Dieses fürchterliche Zerstörungs-Instrument wurde in einer dunklen Nacht durch Capitain Sommers und Lieutenant Wadsworth in den Hafen hineingeschleppt. Beide Offiziere waren Freiwillige. Nach kurzem Verzug erhellte ein entsetzliches Feuer den Hafen, gefolgt von einer Erschütterung, welche selbst die Schiffe auf offenem Meere zittern machte. Der

---

*) Eine Gewohnheit ist neuerdings in Europa unter dem seltsamen falschen Namen: „amerikanischer Zweikampf“ aufgetaucht. Die Parteien entscheiden durchs Loos, wer einen Selbstmord begehen solle. Diese Ungeheuerlichkeit wird sehr mit Unrecht den Amerikanern zugeschrieben. Nicht allein ist dort nichts Derartiges bekannt, sondern das Duell verschwindet sogar im Norden ganz und gar, selbst in seiner am wenigsten verletzenden Form. Armee- und Marineoffiziere, welche in ein Duell, sei es als Duellant oder Sekundant, sich einlassen, riskiren cassirt zu werden, und sinken immer in der öffentlichen Meinung.

Intrepid hatte zu früh explodirt. Die Expedition schlug fehl. Von Capitain Sommers und seinem tapfern Cameraden wurde nie wieder etwas gehört.

Wir lesen, fast ohne es glauben zu können, dass Capitain Bainbridge, im Jahre 1800, den Befehl erhalten hat, auf der Fregatte George Washington eine grosse Geldsumme als Tribut der amerikanischen Regierung dem Piraten-Gouvernement von Algier zu überbringen. — In der oben erwähnten Expedition im Jahre 1803 begleitete er den Commandanten Preble als Befehlshaber der Fregatte „Philadelphia“. Er erreichte das Mittelländische Meer vor dem übrigen Geschwader. Zuerst nahm er eine maurische Fregatte von 22 Kanonen, welche als Gefangene den Capitain und die Mannschaft einer amerikanischen Brig an Bord hatte. Darauf verfolgte er ein tripolitanisches Schiff so nahe dem Ufer, dass sein eigenes auf den Grund gerieth. Augenblicklich wurde es von tripolitanischen Kanonenbooten angegriffen und genommen. Bainbridge, seine Offiziere und die Besatzung, 315 Mann, wurden geplündert und nach Tripolis geführt, wo sie vom 31. October 1803 bis zum 3. Juni 1805 in der Gefangenschaft blieben. Zur Ehre des Ministers der Auswärtigen Angelegenheiten von Tripolis, Sidi Mahomed d'Ghies, sei gesagt, dass er seine Gefangene mit Zartgefühl behandelte.

Preble wurde von Capitain Barron abgelöst, welchem wiederum Capitain Rodgers im Commando folgte. Dem letzten Offizier gelang es in Verbindung mit Mr. Eaton die tripolitanische Macht zu demüthigen. Mr. Eaton befehligte ein Corps Christen und mit ihrer Regierung unzufriedener Tripolitaner in der Stärke von 7000 Mann. In einer Hauptschlacht wurden die Truppen des Bay gänzlich aufgerieben. Eaton war eben im Begriff, auf Tripolis zu marschiren, um den Bay abzusetzen und die Gefangenen ohne Lösegeld zu befreien, als ihm die Nachricht zukam, dass ein vorzeitiger Friede durch Oberst Lear, den amerikanischen Consul in Algier, geschlossen worden war, nach welchem dem Bay 60,000 Dollars als Lösegeld für die amerikanischen Gefangenen bezahlt werden sollten. Ein befriedigender Vertrag beendete den Krieg im Jahre 1805.

§. 75.

Burr's Verschwörung, 1807.

Die Republik schritt in ihrer Bahn nicht ohne Gefahren anderer Art vor. Aaron Burr, der ehrgeizige, charakterlose Politiker, einer der alten Verleumder Washington's, welchen dieser wegen seines unmoralischen Charakters nicht zum Minister für Frankreich ernennen wollte, und dessen Hände mit dem Blute Hamilton's befleckt waren — dieser Mann fasste, getäuscht in seinen Intriguen Präsident zu werden, den Entschluss, in Mexico einzufallen, um ein Reich zu gründen, welches zum Theil aus denjenigen südwestlichen Staaten unserer Union bestehen sollte, die er in seine Verschwörung zu ziehen hoffte. Er wurde in Mississippi verhaftet und des Hochverraths angeklagt. Der Prozess wurde in Richmond V[a.] vor dem Ober-Justiz-Marschall geführt, die Verfolgung jedoch im September 1807 wegen einiger Mängel in dem Verfahren aufgehoben. Sofort nahm Burr seine Mexico-Pläne wieder auf und ging nach Europa, um sich hier Mittel zur Ausführung zu verschaffen. Dies jedoch gelang ihm nicht. Er kehrte nach New-York arm, verachtet und gemieden zurück. Er war, von deutscher Abkunft, in New-Jersey geboren. Sein Tod erfolgte 1836 in Staten Island, im 81. Jahre seines Lebens. Benedict Arnold, sein Jugendfreund, war der erste amerikanische Verräther, Aaron Burr der zweite.

§. 76.

Aergerliches Verfahren England's.

England, welches mit eifersüchtigen Augen den wachsenden Wohlstand und Handel der Vereinigten Staaten sah, begann eine Reihe willkürlicher Handlungen gegen die amerikanischen Schiffe. Die Regierung der Vereinigten Staaten legte zur

Vergeltung Embargo auf die britischen Waaren und verschloss den englischen Schiffen die amerikanischen Häfen. Die Nation war empört über das Verfahren der Engländer, welche sich das Recht anmassten, amerikanische Schiffe nach Personen, die im Verdacht standen, ihrer Flotte entlaufen zu sein, zu untersuchen. Auf diesem Wege nahmen die britischen Kreuzer vom Bord unserer Schiffe eine Menge eingeborener amerikanischer Seeleute und zwangen sie, auf der britischen Flotte zu dienen. Im Juni 1807 wurde die amerikanische Fregatte „Cheasepeak" von dem englischen Kriegsschiff „Leopard" angerufen, und auf die Weigerung ihres Commandeurs Barron, sich einer Untersuchung zu unterwerfen, feuerte der Leopard eine volle Lage auf sie, wodurch drei Personen ihrer Mannschaft getödtet und achtzehn verwundet wurden. Der „Leopard" fuhr fort zu feuern, bis Barron befahl, die Flagge einzuziehen. Der „Cheasepeak" hatte nur eine einzige Kanone abgefeuert, die nur dadurch entladen werden konnte, dass man Kohlen von der Galeere brachte, da keine Lunten bei der Hand waren. Barron wurde vor ein Kriegsgericht gestellt und auf 5 Jahre vom Amte suspendirt, indem man ihn beschuldigte, nachlässiger Weise sein Schiff für ein Gefecht unvorbereitet gelassen zu haben; doch wurde die Festigkeit und der Muth seines Charakters nicht bestritten. Die Wahrheit ist: das Schiff war durch die Sorglosigkeit eines unteren Offiziers, des Capitain Gordon, in diesen Zustand versetzt worden. Vier Matrosen wurden vom Cheasepeak als englische Deserteurs genommen, von denen drei, wie sich später auswies, eingeborne amerikanische Bürger waren. Die britische Regierung missbilligte dieses Verfahren. Sie rief den Admiral Berkeley von seinem Commando ab, und Capitain Humphrey, der commandirende Offizier des „Leopard", wurde später nie wieder im Seedienst verwandt. Dennoch fuhr Gross-Britannien fort, sein Nachsuchungsrecht zu gebrauchen. — Wenn Frankreich oder Russland solch ein Verfahren gegen England anwendeten, oder England gegen Frankreich oder Russland, so könnte darüber nicht mehr Unwillen und Aufregung verursacht werden, als natürlich in den Vereinigten Staaten, wo die Gemüther bei dem Gedanken, dass ein Krieg unvermeidlich sei, erhitzt waren.

§. 77.

Napoleon's Decrete von Berlin, Mailand und Paris.

1806—1812.

Napoleon erliess von Berlin, Mailand und Paris Dekrete, in denen er alle britischen Küsten in Blokadezustand, alle nach England segelnden Schiffe für verfallen, alle britischen Manufacturwaaren für Contrebande, alle Engländer, welche sich in Staaten befanden, die von französischen Truppen besetzt waren, für Kriegsgefangene erklärte, — in der That verwehrte er allen Nationen, in irgend eine Gemeinschaft mit England zu treten. Durch solche Verordnungen wurde auch dem amerikanischen Handel grosser Schaden zugefügt.

§. 78.

British Orders in Council.

1806—1812.

Gross-Britannien vergalt in den sogenannten „Orders in Council“ (geheime Rathsverordnungen) diese Beeinträchtigung, indem es seinerseits alle europäischen Küsten von der Mündung der Elbe bis Brest in Blokadezustand erklärte. Durch eine andere Verordnung verbot es allen Küstenhandel mit Frankreich. Der neutrale Handel litt durch solches Verfahren ausserordentlich. Viele amerikanische Schiffe wurden durch britische Kreuzer genommen und unser so schnell aufgeblühter Handel lag fast darnieder.

§. 79.

Madison, Präsident. 1809—1817.

Krieg gegen England erklärt.

Die Verwaltung James Madison's, des vierten Präsidenten, war hauptsächlich durch den Krieg mit Gross-Britannien be merkenswerth. Als Ursachen desselben wurden die folgenden vier Punkte angeführt:

Erstens: Die Ausübung des Nachsuchungs-Rechtes und die Erpressung amerikanischer Seeleute durch die Befehshaber britischer Kriegsschiffe.

Zweitens: Die Beeinträchtigung des Neutralitäts-Rechts durch die Weigerung Englands, den Grundsatz: „frei Schiff, frei Gut“ oder mit andern Worten: „die neutrale Flagge deckt Schiff und Ladung“ anzuerkennen (§. 80).

Drittens: Die „Orders in Council“ und

Viertens: Verschiedene Nachtheile, welche englische Unterthanen dem amerikanischen Handel zugefügt hatten.

§. 80.
Frei Schiff, frei Gut.

Dies ist der von der Regierung der Vereinigten Staaten vertheidigte Grundsatz, nämlich: das Recht, am Bord der eigenen Schiffe, unter der eigenen Flagge, jede Waarenladung ausser Kriegscontrebande zu führen, und sie ungehindert von den Parteien des Krieges, in den Amerika selbst nicht verwickelt ist, in jeden Hafen, eigenen oder fremden, der nicht blockirt ist, zu bringen.

Frankreich und England aber behaupteten (Ersteres durch die Decrete von Berlin, Mailand und Paris, Letzteres in den British ordres in council) ihr Recht, die Güter, die einer andern kriegführenden Macht gehörten und am Bord eines amerikanischen oder anderen Schiffes auf dem Ocean gefunden wurden, fortzunehmen. In ihrem Eifer sich gegenseitig zu schaden, setzten sie die Rechte der Neutralen gänzlich hintan.

Entgegengesetzte Grundsätze über diesen Punkt sind von verschiedenen Regierungen viele Jahrhunderte hindurch angenommen worden. Endlich ist in dem Pariser Friedensvertrage von 1856 zwischen Frankreich, England, Sardinien und der Türkei einer- und Russland andererseits der Grundsatz, für welchen die Regierung der Vereinigten Staaten immer gestritten hat, von den europäischen Grossmächten angenommen und dem Systeme des Völkerrechts einverleibt worden.

Dadurch deckt die neutrale Flagge alle Waaren (frei Schiff — frei Gut).

Selbst neutrale Güter auf kriegführenden Schiffen sind sicher (unfrei Schiff — frei Gut).

Dagegen ist das Privateigenthum der Angehörigen kriegführender Mächte nicht gesichert, wenn es unter nationaler Flagge in See geht.

Es wäre wünschenswerth, dass ein noch höherer Grundsatz, durch welchen Privateigenthum sowohl zu Lande als zur See geschützt und Caperei und afrikanischer Sklavenhandel für Seeräuberei erklärt wird, in dem Systeme des Völkerrechts aufgenommen würde.

§. 81.
Krieg mit England.
1812—1815.

Der Krieg wurde auf dem Meere mit glänzendem Erfolge, zu Lande mit geringem geführt. Die britische Flotte blockirte die amerikanischen Küsten. Ihre Landmacht, bestehend aus 5,000 Mann, theilweise Veteranen der Wellington'schen Armee, landete an verschiedenen Punkten. Andere Truppen unter General Ross griffen die amerikanische Miliz von Bladensburg an, besiegten sie, drangen in Washington ein und verbrannten das Capitol, das Präsidentenhaus und andere öffentliche Gebäude. Darauf marschirten sie gegen Baltimore, welches sie jedoch nicht einnehmen konnten. General Jackson erfocht einen glänzenden Sieg bei New-Orleans mit 5,000 Freiwilligen aus Kentucky und Tennesee über 12,000 britische Truppen unter General Packenham, die frisch vom siegreichen Schlachtfelde von Waterloo gekommen waren. Zur Beurtheilung der Nützlichkeit der Telegraphen-Verbindung muss bemerkt werden, dass diese blutige Schlacht am 8. Januar 1815 nach dem Friedensschluss, bevor die Nachricht davon General Jackson erreichte, geschlagen wurde. Die britischen „Orders in Council", eine der Hauptursachen des Krieges, waren durch die britische Regierung widerrufen worden, aber die Kriegs-Erklärung wurde proklamirt, bevor die Nachricht dieses Widerrufs über den Ocean gelangen konnte.

Im Friedensschluss zu Ghent, am 24. December 1814, liessen die Engländer die beiden Grundsätze, welche den Krieg verursachten, fallen: nämlich das Recht, Matrosen auf amerikanischen Schiffen zu pressen und den Grundsatz: „frei Schiff, unfrei Gut". Die Amerikaner versprachen, zur Unterdrückung des Sklavenhandels beizutragen.

§. 82.
Feindseligkeiten mit Algier.
1815.

Während der Verwaltung Madison's autorisirte ein Act des Congresses am 2. März 1815 die Feindseligkeiten gegen Algier zu beginnen, jene Seeräubermacht (§. 74), welche von neuem Plünderungen gegen den amerikanischen Handel unternommen hatte. Ein amerikanisches Geschwader segelte unter Capitain Decatur von New-York nach Algier. Nach kurzem Kampfe machte er sich zum Herrn der Bai, und dictirte Angesichts der Stadt einen Vertrag, durch welchen der Dey alle amerikanischen Gefangenen auslieferte, sich der Tribut-Forderungen begab und amerikanische Gefangene nicht mehr als Sklaven zu behandeln versprach.

Dennoch unterliessen die Algierer ihre Seeräuberpien nicht. Bis 1826 kaperten sie öffentlich Schiffe auf dem Mittelmeer und sandten sogar Expeditionen in die Nord-See. Diese ungeheure Schändlichkeit wurde endlich durch die französische Regierung, welche den Raubstaat in eine französische Colonie verwandelte, unterdrückt.

§. 83.

Monroe, Präsident. 1817—1825.

Mr. Monroe fand die Bevölkerung in Zunahme, Wohlstand und Macht gleich blühend. Innere Abgaben waren nicht mehr nothwendig. Der Staaten waren 24, die Bevölkerung betrug beinahe 10,000,000. Von 20 Sklaven, welche zuerst vor zwei Jahrhunderten in Jamestown eingeführt waren, hatte sich die Zahl derselben auf 1,500,000 vermehrt.

§. 84.

Krieg mit den Seminolen.
1818.

Die Seminole-Indianer begannen die Niederlassungen in Georgia zu verwüsten und Männer, Weiber und Kinder niederzumetzeln. Gen. Jackson zog gegen sie aus und züchtigte sie. Der Krieg wurde erneuert und währte, bis jene Indianer fast ganz ausgerottet waren. Er kostete der amerikanischen Regierung 40,000,000 Dollars und 1,466 Menschenleben.

§. 85.

Abtretung Florida's, 1819.

Die beiden Floridas, das östliche und das westliche, mit den dazu gehörenden Inseln wurden im Jahre 1819 von Spanien an die Vereinigten Staaten für 5,000,000 Dollars abgetreten. Die Sklaverei hatte in Florida seit der ersten Niederlassung bestanden. Im Jahre 1845 wurde es als ein Sklavenstaat in die Union aufgenommen.

§. 86.

Liberia.

Die freie Neger-Colonie Liberia wurde im Jahre 1820 durch die amerikanische Colonisations-Gesellschaft an der West-Küste von Afrika gegründet.

§. 87.

Baumwolle.

Wir sind jetzt an einem Punkte in unserer Geschichte angelangt, wo die Republik zu fühlen anfing, dass ein gefährlicherer Sturm als sie bis jetzt ausgesetzt gewesen, heraufsteige. Eine gewaltige Veränderung, unvorhergesehen von den Vätern der Constitution, als sie in dem Glauben die Sklaverei würde aussterben, die Clauseln in Betreff „dienstpflichtiger Personen“ zuliessen, hatte in ihren Angelegenheiten statt gefunden.

Baumwolle war ein halbes Jahrhundert v. Chr. bekannt. Herodot sagt, die Bäume Indiens trügen Wolle, welche die Schafwolle an Feinheit überträfe. Hindostan liefert jährlich 450 Millionen Pfund. Die Indier haben ein bewunderungswürdiges Talent sie mit der rohesten Spindel zu spinnen. Die weissen oder schöngefärbten feinen Musline der alten Griechen waren von den Ufern des Ganges. Man findet die Baumwolle in vielen Gegenden, Ceylon, Borneo, Japan, Afrika, aber nirgends kömmt sie der amerikanischen gleich. Sie ist in die Vereinigten Staaten (§. 6) vor mehr als 200 Jahren eingeführt worden. Ihr Anbau hatte vor dem Befreiungskriege kaum einen erheblichen Fortschritt gemacht. Die Constitution ist 1787 angenommen worden. 1790 exportirte Charleston 81 Ballen im Werthe von ungefähr 3 Pfd. Sterl. der Ballen. Sobald die Kapseln gepflückt sind, wird die Baumwolle mit der Hand von dem Saamen gereinigt. Ein Mann konnte täglich kaum ein Pfund reinigen. Eine Maschine von Eli Whitney aus Massachusetts 1793 erfunden reinigte täglich drei Centner. Aber die mechanische Erfindung hat sich nicht bloss auf die Reinigungsmethode beschränkt. Die bereits vorhandenen Spinnmaschinen von Hargreave, Arkwright, Crompton, durch welche ein Pfund zu einem tausend englische Meilen langen Faden gesponnen worden, sind in den Vereinigten Staaten bedeutend verbessert worden, und schon 1812 wurde zu Lowell in Massachusetts eine Spinnerei erbaut, die wahrscheinlich die erste in der Welt war, welche alle bemerkenswerthen Fortschritte die rohe Baumwolle zu Stoffe zu verspinnen vereinigte. 1857 betrug der Export mehr als 130,000,000 Dollars, ausser dem Verbrauch im Lande.

Die Folgen waren — Baumwolle wurde ein Artikel von ungeheurer nationaler Wichtigkeit. Der Werth der Sklaven stieg unbestimmt. Neue und erstaunliche Aussichten eröffneten sich demSklavenhalter. Eine verhängnissvolle Wichtigkeit wurde den sogenannten „Sklaven-Clauseln der Constitution“ beigelegt. Ein Klasse charakterloser Menschen erhob sich, um hieraus Nutzen zu ziehen. Sie fingen an eine Verschwörung zu organisiren, um das Land ihrer Habsucht und ihrem Ehrgeize zu opfern, und die Abschaffung der Sklaverei nach der Absicht der Constitution unmöglich zu machen. Die Sklaverei nahm in Proportionen, die unvereinbar mit der Existenz der Republik waren, zu.

§. 88.

Monroe Doctrin.

1823.

Ferdinand VII. von Spanien versprach bei seiner Thronbesteigung liberale Institutionen zu geben, stellte aber im Gegentheil die Inquisition wieder her. Dies verursachte eine Revolution, durch welche der König gezwungen wurde, eine liberale Constitution zu unterzeichnen. Bald darauf versammelte sich zu Verona ein Congress (1822), auf welchem alle Mächte des europäischen Festlandes vertreten waren. Hier wurde entschieden, dass Ludwig XVIII., diese Revolution unterdrücken und die vormalige unumschränkte Regierung wiederherstellen sollte. Indessen hatten die spanischen Colonien in Amerika ihre Unabhängigkeit so fest begründet, dass sie durch die Vereinigten Staaten anerkannt wurden. Als der Krieg in Spanien dem Abschluss nahe war, bemerkte man Anzeichen, dass Frankreich sich für seine Unkosten durch die ehemaligen spanischen Colonien in Amerika entschädigen wollte. Daher drängte der englische Premier-Minister, Lord Canning, lange und eifrig die amerikanische Regierung, eine entschlossene Haltung gegenüber einer solchen Absicht Frankreichs, die ebenso ungerecht gegen die spanischen Republiken, als gefährlich für die Vereinigten Staaten war, anzunehmen. Nachdem der Präsident Monroe mit seinem Cabinet referirt und mit Thomas Jefferson Rath gepflogen hatte, wies derselbe in seiner Eröffnungsrede des nächsten Congresses auf die ursprünglichen Unterschiede zwischen den politischen Systemen Europa's und Amerika's hin und sagte dann:

„Wir sind der Aufrichtigkeit und den freundschaftlichen Beziehungen Amerika's zu den (europäischen) Mächten die Erklärung schuldig, dass wir jeden Versuch ihrerseits, ihr System auf irgend einen Theil dieser Hemisphäre auszudehnen, als unserem Frieden und unserer Sicherheit gefährlich betrachten würden. Wir haben uns hinsichtlich der bestehenden Colonien und anderer von irgend welcher europäischen Macht abhängigen Länder nicht eingemischt, und wir werden uns nicht einmischen; aber was die Länder anbetrifft, welche sich unabhängig erklärt und deren Unabhängigkeit auch wir nach reiflicher Ueberlegung und gerechten Grundsätzen anerkannt haben, so könnten wir jede Einmischung irgend einer europäischen Macht, in der Absicht, jene zu unterdrücken und ihre Schicksale zu bestimmen, in keinem andern Lichte betrachten, als in dem einer Kundgebung unfreundlicher Stimmung gegen die Vereinigten Staaten."

In derselben Eröffnungsrede sprach Mr. Monroe über die Unterhandlungen mit Russland, in Bezug auf die Grenze des russischen Amerika's, und fügte hinzu:

„In der Discussion, zu welcher diese Angelegenheit Veranlassung gab, wurde die Gelegenheit für geeignet gehalten, als einen Grundsatz, in dem die Rechte und Interessen der Vereinigten Staaten verwebt sind, festzustellen, dass die amerikanischen Continente in Folge der freien und unabhängigen Stellung, welche sie angenommen hätten und behauptet, von jetzt ab nicht mehr als Gegenstände zukünftiger Ansiedelungen durch irgend eine europäische Macht angesehen werden könnten."

Diese beiden Feststellungen sind das, was man die „Monroe Doctrin" genannt hat. Sie haben niemals gesetzliche Bestätigung erhalten, sondern waren nur eine Erklärung der executiven Macht. Die Eröffnungsrede wurde von dem englischen Volke und Parlament mit Begeisterung aufgenommen. Lord Brougham sagte:

„Die Frage betreffs Süd-Amerika's wäre, glaube er, erledigt oder doch beinahe; denn ein Ereigniss hätte kürzlich stattgefunden, wie nie zuvor ein anderes grössere Freude, Aufregung und Dankbarkeit bei allen Freunden der Freiheit in Europa hervorgerufen habe; dieses Ereigniss sei die Sprache betreffs des spanischen Amerika's in der Eröffnungsrede des Präsidenten der Vereinigten Staaten an den Congress."

Der Plan, welchen der Kaiser Napoleon im Jahre 1862 ausführte, indem er einen östreichischen Prinzen auf den Mexicanischen Thron setzte, zur Zeit als die amerikanische Republik durch die Rebellion der Sklavenhalter gestürzt zu sein schien, brachte von Seiten der Regierung der Vereinigten Staaten einen Protest, in welchem jenes Verfahren als eine Verletzung des Grundsatzes, den die Regierung aufgestellt und das Volk gebilligt habe, erklärt wurde.

Die Monroe Doctrin scheint in Europa als etwas Unrechtes angesehen zu werden, und ist kürzlich im englischen Parlamente sogar als „abscheulich und der Civilisation und dem Völkerrechte geradezu entgegen" bezeichnet worden. Es ist indessen ein Grundsatz, der in Europa angenommen ist. Welches würden die Folgen sein, wenn der Präsident der Vereinigten Staaten den General Grant oder Admiral Faragut mit hunderttausend Mann nach Belgien, Tunis oder Egypten — selbst nach Nepaul oder Butan schickte, um dort durch Militairgewalt eine Republik zu gründen?

§. 89.
Missouri-Compromiss.
1820.

Aus einem Theil des von Frankreich erkauften Territoriums wurde im Jahre 1812 der Staat Louisiana gebildet. Die Fortschritte der Niederlassungen im Westen machten es im Jahre 1817 nothwendig, an der Mündung des Missouri einen neuen Staat zu gründen. Hierbei entstand die Frage, mit oder ohne Sklaverei. Eine Bill, (die Missouri-Restriction-Bill) welche die Sklaverei in dem neuen Staate verbot, wurde vorgeschlagen. Diese Frage verursachte eine heftige Aufregung im Congress und im ganzen Lande. Mr. Jefferson bezeichnete die Bill als eine „Feuerglocke in der Nacht". Das Land schien vor einem Bürgerkriege zu stehen. Endlich wurde durch einen Gegner der Restriction-Bill (der also die Sklavenmacht repräsentirte) ein Vergleich vorgeschlagen und von den Vertheidigern derselben mit Widerwillen angenommen. Durch diesen Vergleich (Missouri compromise Bill) wurde bestimmt, dass im Ganzen von Frankreich an die Vereinigten Staaten unter dem Namen Louisiana abgetretenen Territorium, nördlich von 36° 30′ N. Br., mit Ausnahme solcher Theile, welche in den Grenzen des durch diese Missouri-Bill gebildeten Staates eingeschlossen seien, Sklaverei und unfreiwillige Dienstbarkeit für immer verboten sein sollten. (Diagr. V.)

Diagr. V.

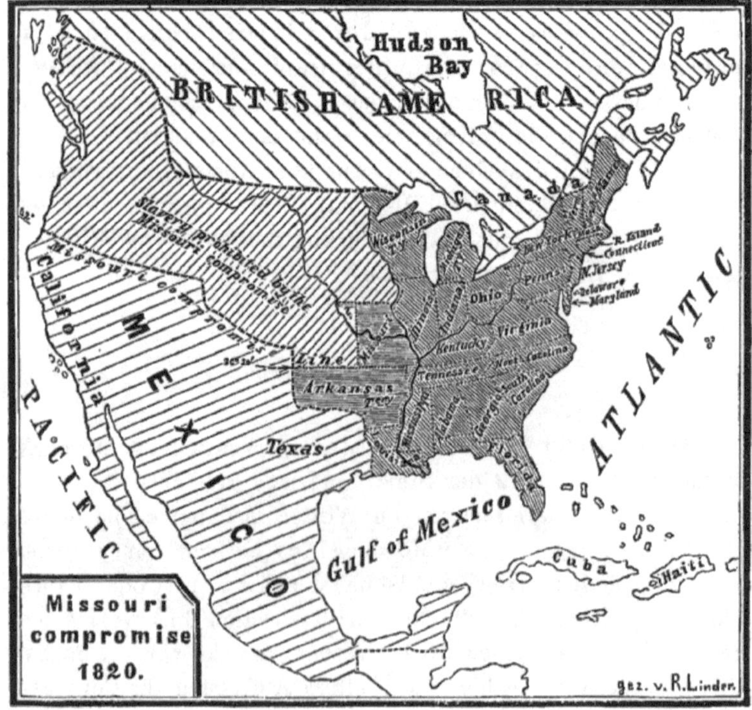

Diese Bill setzte die westliche Grenze des neuen Staates Missouri als eine grade Linie fest. In der langen Sitzung des Congresses von 1835—1836, als derselbe mit der finanziellen Krisis beschäftigt war, welche sobald eine grosse Verwirrung über das ganze Land brachte, fanden jedoch die Senatoren aus Missouri Gelegenheit ruhig und unbemerkt eine Bill durchzuschmuggeln, welche diese westliche Grenze des Staates bis zum Missouri-Fluss ausdehnte. Hierdurch waren für die Sklaverei 3000 Quadrat Meilen Boden genommen worden (beinahe so viel als die beiden Staaten Delaware und Rhode Island an Flächen-Inhalt besitzen), obgleich durch den Missouri Compromiss dieselbe dort für immer verboten war. Dieser District (Diagr. V.) ist durch ein Fragezeichen angedeutet.

Der Leser wird bemerken, dass der Missouri Compromiss von der Sklavenmacht selbst vorgeschlagen wurde, um die Zulassung Missouri's als Sklavenstaaten zu erlangen, und dass die Anti-Sklaverei-Partei obgleich mit Widerwillen einwilligte, um einen Bürgerkrieg zu vermeiden und wenigstens den Rest des ungeheuren Gebietes von Louisiana gegen die Sklaverei zu schützen.

§. 90.
Besuch Lafayette's.
1824.

Während der Verwaltung Monroe's besuchte Lafayette die Vereinigten Staaten und wurde mit den begeisterten Beweisen der Dankbarkeit und der Zuneigung von der ganzen Nation empfangen.

§. 91.
John Quincy Adams, Präsident.
1825—1829.

Adams, Sohn des Präsidenten John Adams, wurde durch die Föderalisten zum Präsidenten gewählt. Er führte das amerikanische System ein, welches heimische Manufacturen durch einen hohen Zoll auf ausländische Artikel beschützte. Das Schutzzoll-Gesetz von 1828 — in den Fabrik-Staaten des Nordens populär, fand aber in den Pflanzern des Südens bittere Gegner, und wurde unter der folgenden Verwaltung von Jackson sogar zum Vorwande benutzt, um einen Aufstand zu versuchen. Eine mächtige Partei verhinderte zu Gunsten Jackson's Mr. Adams Wiedererwählung. Sein Charakter ist in der Geschichte durch seinen unbeugsamen redlichen Muth ausgezeichnet, mit dem er später als Vertreter im Congress das constitutionelle Recht der Petition, welches die Gegner der Sklaverei zu dem Zweck benutzten, um die Abschaffung derselben im District von Columbia und in den Territorien zu verlangen, vertheidigte. Unter seinen grossen Verdiensten ist der bescheidene Patriotismus, mit welchem er ein einfaches Mitglied des Hauses der Abgeordneten wurde, nachdem er auf dem Stuhl des Präsidenten gesessen hatte, gewiss nicht das geringste. Er erfüllte die ehrenvollen Pflichten seines Amtes mit ebenso hoher Einsicht wie Gewissenhaftigkeit, mit eben solcher charaktervollen Stärke wie ausdauernder Anstrengung und Hingebung.

§. 92.
Jackson, Präsident.
1829—1837.

Gen. Jackson wurde von der demokratischen Partei gewählt. Die Nation begann jetzt noch klarer die Vorzeichen des nahenden Sturmes zu fühlen. Mr. Adams Tarif von 1828 hatte den schnell zunehmenden Bruch zwischen den nördlichen und südlichen Staaten noch grösser gemacht. Die Sklavenmacht lauerte bereits auf irgend einen Vorwand, um ihre Stärke mit den Freunden der freien Regierung zu messen.

§. 93.
Nullification (Nichtigkeitserklärung).
1832.

Diese günstige Gelegenheit bot sich bald dar. Im Jahre 1832 legte eine Congress-Acte einige fernere Steuern auf ausländische Waaren. Süd-Carolina, immer voran im Verrath und immer bereit zum Bürgerkrieg, erhob die Fahne der Rebellion, nicht (wie in der Revolution von 1776) für das Princip der Vertretung, sondern weil eine repräsentative Versammlung, deren Mitglied es war, eine Steuer durchgebracht hatte, die es missbilligte. Dies wenigstens war die angeführte Ursache der Klage. Es war indessen ein falscher Vorwand, wie man (§. 138) aus den Zugeständnissen des Vice-Präsidenten der conföderirten Staaten, A. H. Stephens sehen kann, welcher erklärt, dass „der Süden kein Recht oder Grund hat, über den Tarif oder über irgend etwas anderes zu klagen.“ In der That ist die Majorität des Nordens gegen den Schutzzoll. Die Tendenz geht auf Freihandel und die Beseitigung hohen Tarifs wäre sicherlich durch weniger schreckliche Mittel, als einen Bürgerkrieg zu erlangen gewesen. Die wahre Erklärung der Bereitschaft der Sklaven-Partei, die Union aufzulösen, ist, wie wir gesehen haben, anderswo zu suchen. Die Republik sollte durch Feuer und Schwert vernichtet werden, damit eine kleine Schaar von Sklavenbesitzern das Monopol auf Baumwolle an sich reissen, durch die Ausbreitung der Sklaverei und die Wiedereröffnung des afrikanischen Sklavenhandels der modernen Civilisation einen neuen Charakter geben, und die finanziellen, vielleicht die politischen Herren der Welt werden könnte (§. 132). Die Eröffnung neuer Gebiete, die Erfindung von Maschinen, die unerwartete vermehrte Nachfrage nach Baumwolle hatte diesem Industriezweige einen aussergewöhnlichen Impuls gegeben, und die Sklaven-Lords mit Staunen erregenden Projecten von Reichthum und Macht erfüllt, an welchen theilzunehmen die puritanischen Yankees zu gefühlvoll und zu gesittet waren. Die Agitation der Sklaven-Frage, nicht der hohe Tarif, entflammte das südliche Gemüth mit einem so grenzenlosen Hass gegen die Yankees und führte zu dem Entschluss, ein getrenntes Reich zu gründen. Mit dem Süden Sympatisirende haben den Norden wegen der Agitation der Sklaven-Frage getadelt, aber welche Macht konnte ihn verhindern, solchen Gegenstand zu besprechen. Diese Ueberzeugung gab immer mehr und mehr der Phantasie südlicher Politiker den Plan zur Trennung von den engherzigen Yankee-Fanatikern, welche noch (§. 133) an Washington's und seiner Collegen Verblendung über politische, moralische, finanzielle und religiöse Angelegenheiten festhielten, ein.

Daher wurde durch John C. Calhoun's Einfluss unter dem Vorwande der Tarif-Acte von 1832 die Doctrin der Nichtigkeitserklärung und Secession von Süd-Carolina förmlich proklamirt. Eine Convention erklärte den Tarif für verfassungswidrig, null und nichtig, und drohte jeden Versuch seitens der Föderal-Regierung, im Hafen von Charleston Zoll zu erheben, durch Waffengewalt zurückzuweisen. Die Nichtigkeitserklärer machten militärische Vorbereitungen zum Bürgerkrieg, aber die rasche und entschlossene Intervention Präsident Jackson's, die von der grossen Masse der Nation aller Parteien vollkommen gebilligt wurde, schreckte die Rebellen und unterdrückte die Revolte. Er erklärte später einen grossen Irrthum begangen zu haben, indem er Mr. Calhoun nicht habe aufhängen lassen.

Obgleich auf diese Weise in ihrem militärischen Unternehmen geschlagen, errang die Sklavenmacht doch einen Sieg in der föderalen Gesetzgebung. Die Forderung einer Verminderung von Steuern wurde vom Congress gewährt. Ein neuer Tarif von 1833 erklärte viele Artikel für zollfrei und bereitete eine allmälige Verminderung des ganzen Tarif vor, bis er zu 20% herabsank. Dies beraubte die Nichtigkeitserklärer eines Vorwandes zur ferneren Action. Die Verschwörer warteten eine künftige Gelegenheit ab.

§. 94.
Doctrin der Secession.

Die Doctrin der Secession ist zu abgeschmackt, um hier besonders erörtert zu werden. Sie ist augenscheinlich ebenso unvereinbar mit der Verfassung (§. 58), als mit dem gesunden

Menschenverstand. Was würden die europäischen Regierungen sagen, wenn Savoyen oder Algerien, Frankreich, Irland oder Indien, England diese Doctrin vorlegen wollten. Lässt es sich annehmen, dass Süd-Carolina, dessen Volk freiwillig geholfen hat unsere Union zu gründen, mehr Recht hat, als diese? oder dass unsere Regierung dazu bestimmt wurde, weniger dauerhaft zu sein, als andere? Ist es zu glauben, dass Washington und seine Collegen eine Republik beabsichtigten, welche nach der Laune irgend eines Theils derselben zerstört werden könnte? Hätte es in der Absicht gelegen, ein solches Recht zu bewilligen, so wäre es in der Verfassung festgestellt worden, wie das Recht entflohene arbeitspflichtige Personen wieder zu erlangen. Die losgetrennten Staaten haben eine Zeit lang eine Art Regierung gehabt; aber der Doctrin der Secession ging man damals mit Feuer, Schwert und Strick entgegen.

§. 95.
Kriege mit den Indianern.
1834.

Diesen Bewegungen folgten blutige indianische Kriege, welche besonders durch einen neuen Aufstand der Seminolen im Jahre 1834 veranlasst wurden. Dieselben überfielen unter andern Grausamkeiten ein Detachement von 110 Mann, unter Major Dade, und metzelten dasselbe beinahe ganz und gar nieder.

§. 96.
Bank der Vereinigten Staaten.

Es gelang Präsident Jackson nach langem und heftigem Kampfe, die Bank der Vereinigten Staaten, welche 1791 gestiftet und 1816 erneuert war, umzustürzen. Durch Zweig-Banken und andere Mittel besass dieses Institut fast das Monopol finanzieller Operationen und sollte, wie vermuthet ward, unermesslichen Einfluss auf die politischen Angelegenheiten ausüben. Die Bank erleichterte in hohem Grade die Verwaltung des föderalen Finanz-Departements. Der Congress war daher willens (1832), die Urkunde zu erneuern, aber der Präsident setzte sein Veto entgegen und erklärte die Privilegien der Bank als ein ungerechtes Monopol. Er entzog ihr die Capitale der Regierung und liess die Urkunde ohne Erneuerung erlöschen (1835). Dies Ereigniss brachte eine Handels- und Finanzkrisis zu Wege, welche in ihren Wirkungen höchst unselig wurde und eine Zeit lang den Credit der Vereinigten Staaten im Auslande sehr beeinträchtigte.

§. 97.

Bezahlung alter Ansprüche von Seiten Frankreichs.

Die Bezahlung eines alten Anspruchs von 25,000,000 Francs wurde durch Präsident Jackson als Schadenersatz für die durch Napoleon's willkührliche Massregeln verursachten Beeinträchtigungen gefordert und endlich von der Französischen Regierung bewilligt.

§. 98.

Beute der öffentlichen Aemter.

Präsident Jackson hat den Ruf eines ehrenhaften, weisen, energischen, aber auch voreiligen und eigensinnigen Staatsmannes hinterlassen. Von ihm stammt das Princip her, die öffentlichen Aemter als Belohnung an politische Gönner zu vertheilen, ohne Rücksicht auf ihre Qualification. Daher der schimpfliche Ausdruck „spoils of office." Seitdem ist das Land häufig durch seine schlechtesten Männer, blosse Kreaturen der Sklavenmacht, vertreten worden. Neu erwählte Präsidenten haben oft Employés abberufen, daheim und im Auslande, und durch Andere, deren Hauptverdienst der Beistand war, den sie bei der Wahl geleistet hatten, ersetzt. Das Ansehen der Vereinigten Staaten war auf diese Weise in der Achtung des Auslandes gesunken.

§. 99.

Van Buren, Präsident, 1837—1841.

Mr. Van Buren durch die demokratische Partei erwählt nahm den Präsidenten-Stuhl nur vier Jahre ein. Er hatte viele öffentlichen Aemter mit Ehren bekleidet und sich der Funktionen als Vicepräsident und Präsident des Senates mit Würde, Anstand und Unparteilichkeit entledigt. Er warnte das Volk vor Anregung der Sklavenfrage, und erklärte, er würde sein Veto einlegen gegen jede Bill für die Emancipation der Sklaven im District Columbia, welche im Gegensatz zu den Wünschen der Sklavenstaaten stände, und ebenso gegen jede andere Bill, welche sich in die Sklaverei in den Staaten, in welchen sie bereits existire, einmischen wollte. Diese Verwaltung wurde durch eine finanzielle Krisis von nie dagewesener Grösse gestört, indem die Banken allgemein ihre Zahlungen einstellten.

§. 100.

Das Veto.

Der Präsident hat das Recht, gegen jede Bill sein Veto einzulegen, welche nichtsdestoweniger durch das Votum von zwei Drittel beider Häuser ein Gesetz werden kann.

§. 101.

Aufstand in Canada, 1837.

Der Kampf zwischen der Oligarchie oder Regierungspartei und dem Volke in Canada ist lange, heftig und blutig gewesen, bis endlich die offene Empörung ausbrach. Der Präsident der Vereinigten Staaten war eifrig bestrebt, die Amerikaner von der Verletzung der Gesetze und Verträge abzuhalten. Um eine Unterstützung der Empörung Seitens der Amerikaner zu verhindern, sandte er eine Militärmacht unter General Scott nach der Grenze.

§. 102.
Das Petitionsrecht durch die Sklavenmacht unterdrückt. 1837.

Die Sklaverei-Bewegung nahm einen immer drohenderen Charakter an. In Folge einer Anti-Sklaverei-Rede von Mr. Stade im Hause der Abgeordneten zogen sich die südlichen Mitglieder zurück und Mr. Rhett von Süd-Carolina schlug sogar vor, die Union für aufgelöst zu erklären. Der Krisis wurde damals durch den Beschluss des Hauses vorgebeugt, für die Zukunft alle Petitionen und Papiere, welche die Sklaverei betreffen, auf den Tisch des Hauses nieder zu legen, ohne darüber zu debattiren oder sie zu drucken, zu lesen oder zu berücksichtigen. Diese Massregel wurde hauptsächlich durch die Vota der Freunde des Präsidenten ergriffen, unzweifelhaft in der Absicht, der grossen Katastrophe des Bürgerkrieges vorzubeugen, indem man die Frage durch den Missouri-Compromiss als erledigt ansah.

§. 103.
Das Unterschatzamts-System.

Die bemerkenswertheste Massregel des Präsidenten Van Buren während seiner Verwaltung war die Errichtung eines Systems, durch welches beabsichtigt wurde, die Regierung von jeder Verbindung mit den Banken zu lösen und eine unabhängige Regierungsbank zu gründen, ausschliesslich für den Empfang und die Auszahlung von Gold und Silber in allen öffentlichen Angelegenheiten bestimmt.

Die finanzielle Verlegenheit, in welche das Land während Mr. Van Buren's Administration gerathen war, wurde von einer mächtigen Opposition geschickt benutzt, um 1841 ihren Candidaten bei der Wahl durchzubringen.

Die Demokraten unterlagen, und General Harrison wurde erwählt, mit John Tyler als Vice-Präsident.

Mr. Van Buren würde in einer folgenden Periode wahrscheinlich wieder erwählt worden sein, wenn er sich nicht in einem Briefe der Annexion von Texas an die Union widersetzt hätte. Dieser Brief entspricht dem Charakter eines patriotischen, ehrenhaften und aufgeklärten Staatsmannes.

§. 104.

Harrison, ein Monat Präsident. 1841. Tyler, Präsident. 1841—1845.

General Harrison, am 4. März 1841 erwählt, starb schon nach einem Monate. Daher wurde der Vice-Präsident Tyler Präsident. Seine Verwaltung ist durch den Ashburton-Vertrag, welcher im Jahre 1842 in Washington durch Daniel Webster und Lord Ashburton unterhandelt wurde, bezeichnet. Der Vertrag stellt die lang bestrittene Grenze zwischen Maine und Neu-Braunschweig fest, trägt für die Unterdrückung des Sklavenhandels und die gegenseitige Auslieferung der Verbrecher Sorge. Ein gleichförmiges Bankrott-Gesetz und ein Schutzzoll-Tarif im Jahre 1842 konnten den Norden nur im geringen Masse befriedigen gegenüber den schweren Schädigungen, die er sowohl durch die Anstellung des Mr. Calhoun als Staatssekretair erlitt, als auch durch das erfolgreiche Bestreben der Sklaverei-Partei durch die Annexion von Texas, selbst auf Kosten eines Krieges mit Mexico, einen überwiegenden Einfluss zu erlangen.

§. 105.

Annexion von Texas.

1844—1845.

Der ungeregelte Staat Texas hatte früh schon die Aufmerksamkeit der Sklavenmacht auf sich gezogen. Während er noch unter der Herrschaft Mexico's stand, war er durch Bürgerkriege demoralisirt und fast entvölkert, weshalb die mexicanischen Behörden sich bestrebten, durch vortheilhafte Bedingungen Einwanderer ins Land zu ziehen. Allein im Jahre 1830 vernichtete Bustamente, welcher sich der Zügel der Regierung bemächtigt hatte, alle Contracte, nach denen es Ansiedlern erlaubt war, von den Vereinigten Staaten herüberzukommen. Im Jahre 1835 proclamirte Texas seine Unabhängigkeit, welche durch die Schlacht von San Jacinto (April 1836) entschieden wurde. Die Armee Santa Anna's, des Präsidenten von Mexico, wurde in die Flucht geschlagen und er selbst zum Gefangenen gemacht. Seit dieser Zeit nahm die Einwanderung aus den Vereinigten Staaten zu. Im Jahre 1837 wurde die Unabhängigkeit der Republik Texas von den Vereinigten Staaten anerkannt; im Jahre 1840 von Frankreich, Gross-Britannien und Belgien. Dennoch gab Mexico seine Ansprüche auf Texas nicht auf. Der Präsident Santa Anna übte die abscheulichsten Grausamkeiten an Kriegsgefangenen aus. Texas wurde von Schulden immer mehr erdrückt. In dieser Krisis machte die Sklavenpartei durch Präsident Tyler Vorschläge zur Annexion an die Vereinigten Staaten. Am 12. April 1844 kam der Vertrag zu Stande, wurde von den Beauftragten von Texas und Mr. Calhoun unterzeichnet, am 8. Juni aber von dem Senat verworfen. In der folgenden Congress-Sitzung jedoch, bevor der neu erwählte Präsident Mr. Polk sein Amt angetreten, gingen die vereinten Beschlüsse der Annexion beide Häuser durch und wurden noch an demselben Tage von dem Präsidenten Tyler genehmigt.

§. 106.

Die Sklavenmacht versucht 5 neue Staaten zu schaffen.

Texas wurde der 29. Staat der Union. Der vereinigte Beschluss, durch den er zugelassen, enthielt folgende bedeutungsvolle Bedingung:

„Neue Staaten von verhältnissmässiger Grösse, deren Zahl vier nicht überschreiten darf, können in Zukunft aus dem Territorium gebildet werden, und zwar, ausser dem besagten Staat Texas, mit oder ohne Sklaverei, je nach des Volkes Wunsch."

Die Absicht war 5 neue Sklavenstaaten in die Wagschale

zu werfen, einzig zu dem Zweck, um der Sklavenmacht die Entscheidung über jede nationale Frage und die gänzliche Controlle über die National-Regierung zu sichern.

§. 107.

Ende des Präsidenten Tyler.

In der Hoffnung auf eine Wieder-Erwählung getäuscht, kehrte Mr. Tyler ins Privatleben zurück, nachdem er eingesehen, dass er durch seine eigenthümliche Staatskunst das Vertrauen aller Parteien verloren hatte. Beim Ausbruch der Rebellion im Jahre 1861 fand er es nicht länger für nöthig, seine gänzliche Hingebung an die verrätherischen Pläne der südlichen Parteien zu verheimlichen. Nach einigen fruchtlosen Bemühungen einen befriedigenden Vergleich für die ausscheidenden Staaten zu erhalten, entsagte er förmlich seiner Bürgerpflicht gegen die Vereinigten Staaten-Regierung, und schloss sich offen der Sache der Conföderirten an. Als Mitglied des Conföderirten-Congresses starb er am 17. Januar 1862 in Richmond, 72 Jahre alt, — ein schlagendes Beispiel der niedrigen Stellung, zu der die Präsidentschaft herabgesunken war, und des Grades zu welchem die Sklavenmacht die Nation aus ihrer wahren Bahn heruntergezogen hatte.

§. 108.

James K. Polk, Präsident.

1844—1848.

Auf Tyler folgte James K. Polk aus Nord-Carolina, welcher von der demokratischen Convention mit Uebergehung von Martin Van Buren, Lewis Cass und R. M. Johnson gewählt war. Die demokratische Partei hatten sich plötzlich über ihn geeinigt, als einen Mann, welcher willig war, alle Pläne des Südens hinsichtlich Texas und anderer Punkte treulich auszuführen, und gegen Gross-Britannien den Anspruch, welchen die Vereinigten Staaten auf das bestrittene Territorium von Oregon erhoben hatten, aufrecht zu erhalten. Seine Erklärung zu Gunsten eines Zollgesetzes sicherte ihm auch im Norden einige Stimmen. Der Candidat der Whig-Partei war Henry Clay und der erste Candidat der Anti-Sklaverei-Partei James G. Burney.

In seiner Antrittsbotschaft sprach Polk seine Befriedigung über die Annexion von Texas aus, rieth die gewaltsame Occupation des Territoriums Oregon an, und versprach eine Verminderung des Zoll-Tarifs. James Buchanan, welcher später in der sogenannten „Ostende-Conferenz" (§. 120), wie weltbekannt, die erste Rolle spielte, wurde zum Staats-Sekretär, und Slidell, einer der verderbtesten Verräther, welcher später in der Trent-Angelegenheit figurirte, zum Gesandten in Mexico ernannt. Bevor er jedoch seinen Posten erreichte, war der Krieg mit Mexico ausgebrochen.

Die neuliche Annexion von Texas hatte Mexico tief beleidigt, und neue Gefahr drohende Streitigkeiten auf der Grenze verursacht. Präsident Polk sandte General Taylor mit einer Militärmacht, um das streitige Territorium zwischen dem Nueces und dem Rio Grande zu besetzen (Diagr. VI. §. 109), indem die Vereinigten Staaten das Ufer des letzteren als ihre Grenzen beanspruchten, während die Mexicaner behaupteten, dass Texas niemals weiter südlich sich erstreckt habe, als bis zum Nueces. So nahm die Regierung der Vereinigten Staatenan den beiden äussersten Enden ihres Gebietes zu gleicher Zeit in Besitz oder bereitete sich vor, in Besitz zu nehmen Territorien (Mexico und Oregon), auf welche fremde Mächte, mit denen sie in Frieden lebte, Ansprüche machten.

Die Ueberschreitung des Nueces war augenscheinlich beabsichtigt, um einen Krieg mit Mexico herbeizuführen, damit einige der reichsten Provinzen jener Republik an die Sklavenmacht fallen möchten.

Mit England im Gegentheil war für die Pläne der Sklavenmacht kein Krieg nöthig. Es genügte den unbesonnenen Theil der Nation durch eine kühne und drohende Haltung gegen eine grosse, fremde Macht zu blenden. Die südliche Partei spielte nun ein gewaltiges Spiel, welches die Demoralisation des Volkes und die Herabwürdigung unseres nationalen Charakters in der Meinung Europa's verlangte.

Solche öffentliche Massregeln wurden allerdings in Europa mit Aufmerksamkeit beobachtet, und trugen auch viel dazu bei, die Vereinigten Staaten eines Theils der bisherigen Prestige zu berauben. Einsichtige, den Einflüssen der Sklavenmacht unzugängliche Amerikaner betrachteten solche Massregeln mit grosser Beunruhigung, als Zeichen, dass eine Rotte Sklavendemagogen den Entschluss gefasst habe, durch alle erdenklichen, gerechten oder ungerechten Mittel Besitz von der Republik zu nehmen und sie auf der Basis der Sklaverei und des Afrikanischen Sklavenhandels neu umzugestalten.

§. 109.

Mexicanischer Krieg. Mai 1846 — Juni 1848.

Die Folgen der Ueberschreitung des Nueces machten sich bald sichtbar. Zwischen der Armee des Generals Taylor und der des mexicanischen Generals Arista fanden Collisionen statt. Die Nachricht langte nicht sobald nach Washington, als der Präsident Polk eine spezielle Botschaft an den Congress sandte, mit der Erklärung, dass „der Krieg durch das Verfahren Mexico's hervorgerufen sei" und Leute und Geld forderte, um den Krieg fortzuführen. Der Congress bewilligte augenblicklich 10,000,000 Dollars und autorisirte ihn 50,000 Freiwillige einzuberufen. Taylor überschritt den Rio Grande und besetzte Matamoras.

Hier trat in den militärischen Operationen eine Pause ein. Präsident Polk forderte und erhielt vom Congress die Autorisation, über eine Summe von 2,000,000 Dollars zu verfügen, um einen Frieden zu unterhandeln. Die mexicanische Regierung lehnte jedoch die Friedensvorschläge ab, welche von der Annahme jener 2,000,000 Dollars als Entschädigung für die Abtretung eines Theils ihres Territoriums abhängig gemacht wurden. England bot in freundlichem und gerechtem Geiste seine Vermittelung an, die wiederum von den Vereinigten Staaten zurückgewiesen wurde, worauf der Krieg von Neuem begann. Vom militärischen Standtpunkte aus wurde er durch General Scott glänzend geführt. Nach zweijährigem Kampfe dictirte er dem Präsidenten von Mexico und Commandeur der mexicanischen Armee, Santa Anna, die Friedensbedingungen in der Hauptstadt des Feindes. Im Juni 1848 wurde der Friedensschluss proklamirt. Mexico gab alle Ansprüche auf Texas auf, und trat die ungeheuren Territorien von Neu-Mexico und Ober-Californien an die Vereinigten Staaten ab, ohne dass eine der beiden Nationen irgend eine Kenntniss der unermesslichen Golddistricte, die auf diese Weise überlassen wurden, gehabt hätte. Mexico erhielt dagegen 15,000,000 Dollars und die Vereinigten Staaten übernahmen die Zahlung von noch 5,000,000 Dollars für Schuldforderungen, welche amerikanische Bürger in Mexico hatten. Die in den Jahren 1843—1848 so annectirte Region, Texas eingeschlossen, hat einen Flächeninhalt von 800,000 englischen Quadratmeilen (dreimal grösser als Deutschland oder Frankreich), und besteht jetzt aus den Staaten Texas, Californien, Nevada und den Territorien von Neu-Mexico, Arizona, Utah und einen Theil von Colorado (Diagr. VI).

So weit war das Land von der Stellung, die es damals eingenommen, als Washington in seiner Abschieds-Adresse folgende Worte schrieb, gewichen.

„Bewahret Treue und Gerechtigkeit gegen alle Nationen; sucht Frieden und Uebereinstimmung mit Allen zu erhalten; Religion und Sittlichkeit schreiben dies Verhalten vor, und sollte nicht gute Staatsklugheit dasselbe einschärfen? Es wird einer freien, aufgeklärten, und in nicht mehr fernen Zeit grossen Nation würdig sein, der Menschheit das grossmüthige und allzu seltene Beispiel eines Volkes zu geben, das stets durch höchste Gerechtigkeit und durch Wohlwollen geleitet wird. Wer kann bezweifeln, dass im Laufe der Zeit und der Dinge, die Früchte solches Verhaltens reichlich die zeitlichen Vortheile ersetzen, welche durch festes Verfolgen dieser Grundsätze möchten verloren werden? Hat nicht die Vorsehung die dauernde Glückseligkeit einer Nation mit ihrer Tugend verknüpft? Das Mittel wird wenigstens durch jede Gesinnung empfohlen, welche die menschliche Natur veredelt. Ach! Ist es nicht durch ihre Laster unmöglich gemacht?“

Diagr. VI.

§. 110.

Die Oregon-Frage.

1846.

Auch die Oregon-Frage wurde durch den Präsidenten Polk erledigt. (Diagr. IV. §. 72.)

Gross-Britannien beanspruchte ganz Oregon, bis hinunter zu Californien, 42° N., aber Präsident Polk hatte in seiner Antrittsbotschaft unser Anrecht bis 54° 40′ für klar und unbestreitbar erklärt. Während der neuen Stimmenbewerbung um den Präsidenten-Stuhl war „das ganze Oregon bis zum 54° 40′" eins der Loosungsworte der demoktratischen Partei, von den Rednern wurde es mit Jubel begrüsst und durch Zeitungen und Anschlagzettel proklamirt. Nach der Unterhandlung jedoch bot der Präsident die Parallele von 49° an, und als England noch immer nicht zufriedengestellt war, so schloss der Präsident Polk die ganze Vancouver Insel ein, die mit ihren vortrefflichen Häfen, ihrer Fähigkeit zur Kultur, ihren Kohlen, Bergwerken, Fischen und Pelzthieren, bestimmt ist dereinst eine wichtige Ansiedelung zu werden.

Dieser Vergleich befriedigte die Rechtgesinnten beider Nationen; denn das ganze streitige Territorium war, ob noch so werthvoll, doch eines Krieges nicht werth. Die Beilegung dieser Frage würde dem Präsidenten Polk zur Ehre gereicht haben, hätte er nicht Neu-Mexico und Californien einem hülflosen Nachbaren entrissen, fast in dem Augenblick, da er Vancouver einer grossen Macht abtrat. Die so bezeichnete Grenze lässt auf der amerikanischen Seite einen Flächeninhalt, der nun durch das Territorium von Washington und dem Staat von Oregon eingenommen wird.

§. 111.

Niedriger Tarif.

Im Jahre 1846 bewilligte der Congress eine Einkommens-Steuer anstatt des Schutzzolles von 1842.

§. 112.

Wilmot-Proviso. 1847.

Zur Zeit, als Präsident Polk vom Congress eine Bill forderte, um mit Mexico auf der Basis der Abtretung eines Theils seines Territoriums Frieden zu schliessen (§. 109), schlug Mr. Wilmot eine Clausel vor, welche bestimmte, dass „in dem von Mexico zu erlangendem Gebiete die Sklaverei nimmer zugelassen werden sollte." Dies war das berühmte Wilmot-Proviso, welches den Süden in Wuth versetzte, den Congress in Aufregung brachte und das ganze Land zwei Jahre hindurch in Bewegung erhielt. Die wirkliche Frage war nicht bloss, ob das von Mexico abzutretende Territorium der Sklaverei zu unterwerfen, sondern ob die ganze Republik derselben preiszugeben sei; denn bei der Acquisition eines so grossen Gebietes würden zehn oder zwölf neue Sklavenstaaten hinzugefügt und 24 neue Sklavenstimmen im Senat gebildet worden sein, wodurch die Sklavenmacht einen noch weit festern Halt an der Regierung gewonnen hätte. Sie hatte hinreichenden Einfluss, um die Clausel auszustreichen und das Wilmot-Proviso wurde nie ein Gesetz. Es ging zwar im Hause durch, nicht aber im Senate. Die Sklavenmacht triumphirte also wiederum; aber diese wiederholten Triumphe liessen die Anti-Sklaverei-Partei immer klarer und deutlicher die wachsende Gefahr einsehen, und bewirkten somit hauptsächlich, dass man endlich einen Anti-Sklaverei-Präsidenten wählen konnte.

Mr. Polk hatte versprochen nicht zum zweitenmal als Candidat aufzutreten. Er starb im Juni 1849, drei Monate nach Niederlegung seines Amtes.

Obgleich sein Privat-Charakter gänzlich frei von Flecken war, muss er dennoch unter die Präsidenten gerechnet werden, welche das Land in der Achtung der Menschheit sinken liessen. Es ist wahr, dass unter seiner Verwaltung die Vereinigten Staaten ihr Territorium bis zum Stillen Meere ausdehnten, ungeheuren Mineral-Reichthum und sichere abgerundete Grenzen erlangten; aber die Weltgeschichte wird diese Verdienste nicht als hinreichende Entschädigung gelten lassen gegenüber seiner kriegerischen Annexions-Politik; seiner geschmeidigen Ausführung der Pläne der Sklavenmacht; der daraus folgenden Demoralisation eines Theiles des Volkes; und der Schuld, die er auf diese Weise an der Herbeiführung der Rebellion trägt.

§. 113.

Taylor, Präsident.

4. March 1849 — 9. July 1850.

Gen. Taylor wurde zum Präsidenten gewählt, und zwar mit Einwilligung des Südens, da er selbst ein Virginier und Sklavenhalter und, wie man glaubte, in keiner Hinsicht der Ausbreitung der Sklaverei entgegen war. Er war dem Süden annehmbarer als seine Gegner Cass und Van Buren (letzterer Candidat der Wilmot-Proviso Partei — der sogenannten Freesoilers), welche sich der Zulassung der Sklaverei in jedem neuen Territorium oder Staat widersetzten.

Während dieser Verwaltung begannen die Secessionisten in Süd-Carolina und in den anliegenden Staaten sich wieder zu bewegen. Sklaverei und Anti-Sklaverei standen sich in einer Weise gegenüber, die immer drohender wurde; aber die getäuschte Sklavenmacht fand in Prasident Taylor weder eine schmarozerhafte Kreatur, wie Tyler, noch ein geschmeidiges Instrument, wie Polk. Was auch immer die Meinung des Präsidenten Taylor hinsichtlich der Sklaverei gewesen sein mochte, er widersetzte sich redlich und entschlossen den wilden und bösen Anschlägen der Rebellion, und erwiederte einer Deputation, die ihm mit Auflösung der Union und Bürgerkrieg drohte: „Wenn das Banner der Empörung aufgerichtet würde, so wollte er selbst an der Spitze einer Armee von Freiwilligen zu Felde ziehen, um sie zu unterdrücken, und er würde zu dem Zweck nicht für nöthig halten, einen einzigen Soldaten des Nordens aufzurufen."

§. 114.
Californien.
1848.

Nun forderte Californien als ein Staat zugelassen zu werden, und zwar mit einer die Sklaverei ausschliessenden Constitution. Der Süden opponirte mit dem grössten Nachdruck dagegen, weil die Zahl der Sklaven- und freien Staaten in der Union zu jener Zeit völlig gleich war, und die Zulassung Californien's ohne Sklaverei den freien Staaten im Senat ein Uebergewicht geben würde. Californien muss ein Sklavenstaat werden, es mag wollen oder nicht. Der Präsident machte den Vorschlag, Californien als freien Staat und alle andern Territorien, je nachdem sie selbst entscheiden würden, mit oder ohne Sklaverei, anzunehmen. Aber keine Partei war mit diesem Mittelwege zufrieden. Der Senat bot Scenen des heftigsten Zwiespalts dar. Die ganze Nation war gewaltig aufgeregt.

§. 115.
Die Californischen Gold-Minen.

Fast unmittelbar nach der Abtretung des Landes an die Vereinigten Staaten wurde Gold in Californien entdeckt. Eifrige Nachsuchungen begannen nun; sie wurden seitdem mit immer wachsendem Erfolge fortgesetzt. Der Gold-District welcher hauptsächlich längs den Abhängen der Sierra Nevada hinläuft, erstreckt sich von Oregon im Norden bis zum Kern Fluss im Süden, ein Strich 500 engl. Meilen lang, und 10—150 engl. Meilen breit; der Flächeninhalt wird auf 11,000 bis 15,000 engl. Quadratmeilen berechnet. Das Metall findet sich oft in beinahe reinem Zustande, zuweilen in winzigen Theilen, zuweilen in mehrere Pfund schweren Massen.

Es ist nicht möglich den genauen Betrag des Goldes, das aus den Minen gewonnen wird, anzugeben. Dennoch kann aus den Büchern des Zollhauses und der Zweig-Münze der Vereinigten Staaten zu S. Francisco ein Ueberschlag gebildet werden. Diese Verzeichnisse lauten über mehr als 600,000,000 Dollars. Was ausserdem an Schmuckgegenständen fabrizirt wurde, und in Privat-Hände kam, kann kaum annähernd berechnet werden.

Diese Goldzufuhr gab Handel, Gewerbe und Unternehmungen aller Art grosse Anregung; sie reizte den Speculationsgeist, beförderte auch den Luxus.

Der ungeheure Fortschritt im materiellen Wohlstande; das weite Feld des Reichthums und der Macht, welches der Nation in Folge der wachsenden Nachfrage nach Baumwolle geöffnet wurde; der immer steigernde Werth der Sklaverei und der zunehmende Einfluss der Sklavenpartei, der durch die Presse, öffentliche Redner und das unermessliche Patronatsrecht der Föderal-Regierung ausgeübt wurde, — begannen besonders in den politischen Kreisen eine noch schamlosere Demoralisation hervorzubringen. Die Leidenschaften des Volk's des Südens wurden systematisch durch die falschesten, niedrigsten Vorstellungen entflammt. Die Sklavenmacht gebrauchte zur Ausführung ihrer

Pläne unter der Anordnung einer kleinen Bande Catilinas (Mr. Edward Everett schätzt ihre Zahl auf nicht mehr als 10) die schlechtesten und unmoralischsten Mittel. Eins derselben war die furchtbare geheime Gesellschaft der „Knights of the Golden Circle“ (Ritter des goldenen Zirkels) (§. 121).

An der Spitze der Verschwörung stand Jeff. Davis, um das Werk der Finsterniss zu leiten. Auf diese Weise wurde sowohl in Europa, als in Amerika eine so riesenhafte und dämonische Rebellion organisirt, wie sie nie zuvor gesehen worden war, seit:

„The infernal serpent, with ambitious aim
„Raised impious war in Heav'n, and battle proud,
„With vain attempt.“ (Milton.)

Das Volk ahnte zu wenig die Grösse der Gefahr. Die loyalen und ehrlichen Mitglieder der Föderal-Regierung und der Sklavenpartei (und es gab ihrer Viele) kannten sie nicht, und selbst als das Vorhandensein einer so gewaltigen Verschwörung offenkundig geworden war, wollten sie — konnten sie es nicht glauben!

§. 116.
Clay's Compromise-Bill. 1850.

Henry Clay machte zu einem freundschaftlichen Arrangement folgenden Vorschlag:

Californien wird als freier Staat aufgenommen.

Das übrige, kürzlich von Mexico erworbene Territorium erhält ein Gouvernement ohne Beschränkung der Sklaverei auf dem einen oder dem anderen Wege.

Im District Columbia wird die Sklaverei nicht abgeschafft.

Der Congress hat kein Recht den inländischen Sklavenhandel aufzuheben, oder ihn überhaupt zwischen den Staaten zu verbieten.

Endlich soll ein strengeres Gesetz gegen entflohene Sklaven gegeben werden.

In diesem verhängnissvollen Augenblicke starb der Präsident Taylor. Millard Fillmore von New-York, bisher Vice-Präsident, wurde sein Nachfolger.

§. 117.

Fillmore, Präsident.

1850—1853.

Fillmore war für Mr. Clay's Compromiss-Bill. Die bemerkenswertheste Massregel seiner Verwaltung war jene Fugitive Slave-Bill, in welcher die Prätentionen des Südens den höchsten Triumph über die Partei der Freiheit und die Grundsätze der Constitution erreichten.

§. 118.

Fugitive Slave-Bill.

Diese berüchtigte Bill, die übermüthige Antwort des Südens auf die steigende Fluth der sklavereifeindlichen Meinung des Nordens, wurde Landesgesetz.

Verweilen wir einen Augenblick.

Das Recht entlaufene Sklaven zu reklamiren existirte. Es war in der Constitution gerade so klar geschrieben, als Shylocks Recht in seiner Schuld-Verschreibung ein Pfund Fleisch von Antonio auszuschneiden. Die Bundes-Regierung hatte allerdings, sowie der Herzog von Venedig, die Verpflichtung dieses Recht zu erhalten, aber nicht ein Haarbreit weiter zu gehen, als es die Schuldverschreibung durchaus nöthig machte.

Diese Linie überschritt indessen die Bundes-Regierung und in Shylock's Interesse. Sie bewilligte ihm nicht nur Alles, was er verlangen konnte, sondern mehr als er das Recht hatte zu verlangen. Und hierin besteht die Schändlichkeit des Sklavengesetzes.

Die Wiedererlangung eines entlaufenen Sklaven durch irgend ein Gesetz innerhalb constitutioneller Grenzen war durch die Veränderung in der öffentlichen Meinung schwierig geworden. Die Sklavenmacht also erhielt ein unconstitutionelles Gesetz.

Die Constitution giebt jeder um eines Verbrechens willen verhafteten Person das Recht vor eine Jury geführt zu werden.

Das Fugitive Slave-Law hingegen sprach jeder Person, welche die Sklavenmacht als einen Sklaven beanspruchte, dieses Recht ab.

Die Constitution garantirt jeder Person das Privilegium der Habeas-Corpus-Acte.

Die Sklaven-Macht aber behauptete, dass ein Sklave oder ein Neger nicht eine Person, sondern eine Sache sei (§. 126). Die Habeas-Corpus-Acte wurde daher bei Jedem, den ein Sklavenhalter als sein Eigenthum bezeichnen mochte, ausser Kraft gesetzt.

Wenn die Bundes-Regierung nicht das Werkzeug der Sklavenmacht gewesen wäre, so würde sie zu den Pflanzern gesagt haben:

Das Wort „Person" stellt den flüchtigen Neger auf dieselbe Stufe mit jedem Weissen, sobald er die Grenzen der Sklavenstaaten überschreitet, und das Territorium der freien Staaten betritt, — bis das Gegentheil nach den constitutionellen Gesetzen dieser freien Staaten bewiesen worden ist.

Das Fugitive Slave-Law war eine der vielen beleidigenden, willkürlichen Handlungen, durch welche die Sklavenmacht ihren fortschreitenden Einfluss bethätigte, und ihren Entschluss kundgab, den Norden, wie den Süden, mit ihrer Sklaventreiberpeitsche zu regieren!

Das Gesetz*) stellte Commissäre an — Bundesbeamte —, die nicht allein unabhängig von den Regierungen und dem Volke der Staaten, sondern ihnen geradezu feindselig waren. Wie die Bundes-Regierung ein Werkzeug in den Händen der Sklavenmacht war, so waren die Commissäre in gewisser Hinsicht die Agenten der Sklavenpartei, und konnten nur durch sie angestellt und abgesetzt werden.

Das Gesetz gab dem Sklavenaufseher das Recht, jedwede

*) United States Statutes At Large. Vol. IX, p. 462.

Person als Sklaven in jedem Theile der Vereinigten Staaten zu ergreifen.

Alle Marschälle und Vice-Marschälle der Vereinigten Staaten-Regierung waren verpflichtet, dem Sklavenhalter oder einem Abgesandten bei Strafe von tausend Dollars zu helfen; und wenn der Flüchtling nach der Verhaftung entkommt, so war der Marschall verbunden, dem Herrn seinen vollen Werth zu bezahlen.

Die Commissäre wurden ermächtigt, Personen anzustellen, die ihre Befehle vollstrecken sollten; noch mehr, sie durften die Dienstleistung eines jeden Zuschauers, Mann oder Weib, verlangen, um den Flüchtling zu arretiren. Jedes Individuum der Freistaaten war daher in einen Sklavenjäger umgewandelt, und jede als „flüchtiger Sklave" bezeichnete Person wird also durch den Blick und die Hand eines Sklavenaufsehers jedes Rechts, Privilegiums und Schutzes beraubt, die anderen Personen gewährt sind.

Sie kann von dem Verfolger ohne Jury — ohne Habeas-Corpus-Acte — auf das blosse Certificat irgend einer Behörde, welches in dem Staat, aus dem solche „Person" entflohen sein soll, für zureichend erklärt wird, verhaftet werden.

Der Flüchtling darf zu seiner Vertheidigung kein Wort sagen.

Solch' ein Flüchtling so festgehalten, und durch eine eidliche Bescheinigung oder Zeugenaussage zur Zufriedenheit des Commissärs identifizirt, soll aus dem freien Staat hinausgeschafft werden, trotz jeder Gerichtsverhandlung der Behörden dieses Staates.

Jeder Versuch dem Flüchtling zu helfen, oder ihn zu verbergen, wird mit einer Geldbusse von tausend Dollars, und mit Gefängniss bis zu 6 Monaten bestraft. Ausserdem muss jeder solcher Helfer für jeden so entflohenen Sklaven tausend Dollars dem Eigenthümer bezahlen.

Der Commissär soll eine Gebühr von **zehn** Dollars empfangen, wenn der Sklave ausgeliefert, von fünf, wenn nicht!

Die Person, welche einen vermeintlichen Flüchtling verhaftet, hat Anspruch auf fünf Dollars für jede Arretirung.

Wenn der Reclamant eine Befreiung fürchtet, oder vorgiebt zu fürchten, so ist der verhaftende Beamte verbunden, den Flüchtling zu dem Staate, aus dem er entflohen, zu bringen, und ihn dort dem Herrn zu übergeben. Zu diesem Zwecke darf der genannte Beamte so viele Personen verwenden, als er für nöthig erachtet, und jede damit beauftragte Person empfängt dieselbe Belohnung und darf dieselben Ausgaben machen, wie die, welche für den Transport von Verbrechern bewilligt werden. Und diese Ausgaben, so hoch sie sich auch belaufen mögen, müssen aus dem Schatze der Vereinigten Staaten bestritten werden.

Die Bundes Regierung war auf diese Weise zur Stellung eines Sklavenjägers und zum blossen Werkzeug einer Sklavenmacht erniedrigt worden.

Das Volk des Nordens und Westens war daher gezwungen, mit Hand und Geld dem hochmüthigen Sklavenbesitzer zu helfen, jeden zu verhaften, den zu bezeichnen ihm beliebte, und ihn aus den freien Staaten dahin zu transportiren, woher er entflohen sein sollte; und das Alles ohne rechtmässigen Prozess, ohne constitutionelle Formen.

Also könnte eine Person, — eine Jungfrau, ebenso weiss und frei, wie die junge Römerin Virginia unter Appius Claudius (Appendix A.), — aus irgend einem freien Staate in eine Sklavenhürde, auf die Prügelbank oder den Auctionstisch von Charleston oder New-Orleans auf den Eid irgend eines schändlichen Sklavenaufsehers gebracht werden, — und der Gouverneur des Staates, die Gerichtshöfe, die gesetzgebende Versammlung und das ganze Volk haben kein Recht, sich hineinzumischen, selbst für den Zweck die Unwahrheit der Ansprüche auf constitutionellem Wege zu beweisen.

So lagen endlich alle Staaten den Sklavenhaltern zu Füssen.

Gessler richtete seinen Hut auf, und befahl den Männern des Nordens und Westens demselben ihre Reverenz zu erzeigen.

Nebukadnezar stellte sein goldenes Bild auf, und erliess ein Dekret, dass die puritanischen Yankees niederfallen und es anbeten sollten.

Man glaubt, das Fugitive-Slave-Law sollte eine vorbedachte Beleidigung der freien Staaten sein. Der Hintergedanken war: entweder der Norden fügt sich — dann hätte die Sklavenmacht Alles erlangt: oder er wird dadurch zur Wuth und Empörung getrieben, — dann konnte sie die Verantwortung des Ausscheidens und des Bürgerkrieges auf den Norden werfen.

Hätte dies Gesetz durchgeführt werden können, wie seine Urheber beabsichtigten, ohne durch das ganze Land weit und breit den festen Entschluss zu erwecken, der Sklavenmacht ein Ziel zu setzen, und unter Gottes Beistand zu sagen: „Bis hierher sollst du kommen und nicht weiter; hier sollen sich legen deine stolzen Wellen!" — wenn solches Gesetz dauernd durchgeführt worden wäre, so würde die Nation sich als eine verderbte und feige gezeigt haben; — verloren für christliche Wahrheit und unwürdig der Segnungen der Freiheit und Selbstregierung.

Aber es hat so nicht durchgeführt werden können.

In der Voraussetzung, es könnte, unterschätzten die südlichen Verschwörer den Charakter und die Hülfsquellen des nördlichen Volkes eben so sehr, wie sie ihre eigenen überschätzten.

Dennoch hatten die freien Staaten soviel Ehrfurcht vor dem Gesetz und dem Principe des Gehorsams gegen die Behörden, dass selbst jenes Sklavengesetz sogar in Boston, während einer Reihe von Jahren, ausgeführt werden konnte. Es wurde mit derselben weisen Geduld und meisterhaften Unthätigkeit aufgenommen, welche schon einmal die Colonisten, als sie unter der Willkür der Mutterregierung litten, zeigten.

Die Antwort auf diesen schimpflichen Akt wurde ruhig und rechtmässig genau zehn Jahre später durch die Erwählung des Präsidenten Lincoln gegeben.

Das Volk erhob nicht die Waffen, stand nicht auf zum Bürgerkriege. Es wartete; es stellte die Ungerechtigkeit des

Gesetzes dar; es benutzte mit Gottesfurcht den Segen der Selbstregierung; es forderte seine Landsleute auf, ihre Meinungen an den Wahlplätzen auszudrücken; es erwählte zum ersten Beamten einen rechtschaffenen, verständigen und christlichen Staatsmann, nicht in der Absicht, die Sklaverei zu unterdrücken, oder die Rechte, welche die Staaten unzweifelhaft besassen, anzutasten, sondern um die Bundesregierung aus den Händen einer gewältthätigen, gottlosen Partei zu befreien, bis der Gegenstand von der Nation auf einem friedlichen und constitutionellen Wege behandelt werden konnte.

Die bemerkenswertheste Massregel des Präsidenten Fillmore während seiner Verwaltung war zweifelsohne die Unterzeichnung der Compromiss-Bill (v. 1850) und der Fugitive Slave-Bill. Sie wurden durch den berühmten Webster genehmigt.

Es ist hier nicht der Ort zu erörtern, in wie weit die Umstände den Staatsmännern jener Tage, wie Clay, Fillmore, Webster, Pierce, Cass, Marcy, zur Entschuldigung dienen können. Einige derselben waren von hervorragendem Charakter und standen weit über den Verdacht der Betheiligung an den geheimen Plänen der Demagogen. Viele haben beim Ausbruch der Insurrection ihre Loyalität offen an den Tag gelegt, so wie ihren Abscheu vor den Motiven und Grundsätzen derselben, und waren unzweifelhaft von dem ehrlichen Wunsche beseelt, die Union selbst durch die demüthigendsten Concessionen zu retten, und das Volk vor einem gefahrvollen Bürgerkriege zu bewahren.

Andrerseits aber muss freilich wieder bemerkt werden, dass der Gedanke, solche Compromisse könnten eine solche Frage erledigen, ein eben so beklagenswerther als unerklärbarer Irrthum war.

Fillmore hinterliess das Land in Frieden nach Innen und Aussen und im Genusse eines hohen Wohlstandes in allen Zweigen seiner Gewerbsthätigkeit. Aber wenige Jahre zeigten, dass kein Friede, kein Wohlstand von Werth sein können, wenn sie nicht auf dem Fundament der Menschlichkeit, Gerechtigkeit und Religion gebaut sind.

Bevor Fillmore sein Amt niederlegte, sprach er in einer Rede an den Congress die Meinung aus, dass die Einverleibung Cuba's in die Union eine gewagte und unpolitische (hätte er nicht vielmehr sagen sollen, eine ungerechte und gottlose) Massregel sein würde.

§. 119.
Pierce, Präsident.
1853—1857.

Franklin Pierce von Neu-Hampshire war der 14. Präsident. Er wurde durch eine überwiegende Majorität gewählt, was in gewisser Hinsicht dem Wunsche des Volks zuzuschreiben war, die Sklavenfrage für jetzt auf der Basis von Mr. Clay's Compromiss zu belassen, wodurch der Sklavenpartei eine Zeit lang sogar das unconstitutionelle Gesetz für flüchtige Sklaven erhalten blieb.

Aber eine ordentliche und friedliche Wirkung des Compromisses wurde durch zwei Ursachen unmöglich.

Erstens: — Es war nicht möglich, die Erörterung der Sklaven-Frage im Norden zu verhindern. Kein Gesetz, kein Compromiss, keine menschliche Macht, keine Inauguralbotschaft konnte eine solche Discussion unterdrücken.

Zweitens: — Die ungeduldige, wahnsinnige Sklavenmacht erwog den Entschluss, ihre Interessen der Entscheidung des Schwertes zu überlassen.

In seiner Inauguralbotschaft, am 4. März 1858, behauptete Präsident Pierce, dass die Sklaverei auf constitutionellem Boden ruhe — das Gesetz für flüchtige Sklaven genau erfüllt werden müsse — die Sklavenfrage durch den Compromiss von 1850 erledigt worden wäre — zukünftige Anregung dieses Gegenstandes verbrecherisch sein würde — und sprach zuletzt die Hoffnung aus, dass „keine sectionelle, ehrgeizige oder fanatische Aufregung von Neuem die Dauerhaftigkeit unserer Institutionen bedrohen würde!“

Ein Mitglied seines Cabinets war der Kriegsminister Jefferson Davis. Die beiden bemerkenswerthen Ereignisse seiner Verwaltung waren der Widerruf der Missouri-Compromiss-Bill und der Versuch der Sklavenmacht durch rohe Gewalt das Kansas-Territorium als einen Sklavenstaat, wider seinen Willen und wider den Missouri-Compromiss, in die Union hineinzubringen.

§. 120.
Die Sklavenmacht widerruft den Missouri-Compromiss. 1854.

Eine durch Stephen A. Douglass eingebrachte und die Verwaltung eifrig unterstützte Bill schlug die Organisation zweier neuer Sklaven-Territorien vor, Kansas und Nebraska, (Diagr. VII und §. 89, Diagr. V.) nördlich von der Missouri-Compromiss-Linie. Die Bill ging durch beide Häuser, empfing die Unterschrift des Präsidenten und wurde schnell zum Gesetz erhoben.

Dies war ein gewaltiger Schritt. Durch die Annexion von Texas und den mexikanischen Krieg hatte die Sklavenmacht 800,000 engl. Quadratmeilen freien Bodens in Sklavenland verwandelt. Durch die Fugitive-Slave-Bill hatte sie die geschwungene Peitsche nach New-York und Boston triumphirend gebracht. Nun riss sie willkührlich die letzte Schranke nieder, welche den Norden gegen ihren immer zunehmenden Angriff geschützt hatte, und unterwarf vom Mississippi bis zum Stillen Meere und von Mexico bis zu den britischen Besitzungen das ganze Territorium der Vereinigten Staaten der Peitsche, den Bluthunden und dem Auctionsplatz.

Welche Bethörung, welche Zauberei zwang die starken, rechtlich denkenden Männer des Nordens und Westens hierbei friedliche Zuschauer zu bleiben? — Die Furcht vor Bürgerkrieg — jene, edle christliche Furcht, welche nie die Sklavenmacht beunruhigte.

Mr. Douglass' Bill war durch keine Rücksicht gerechtfertigt. Sie erregte tiefen Unwillen und ernste Unruhe. Sie war

Diagr. VII.

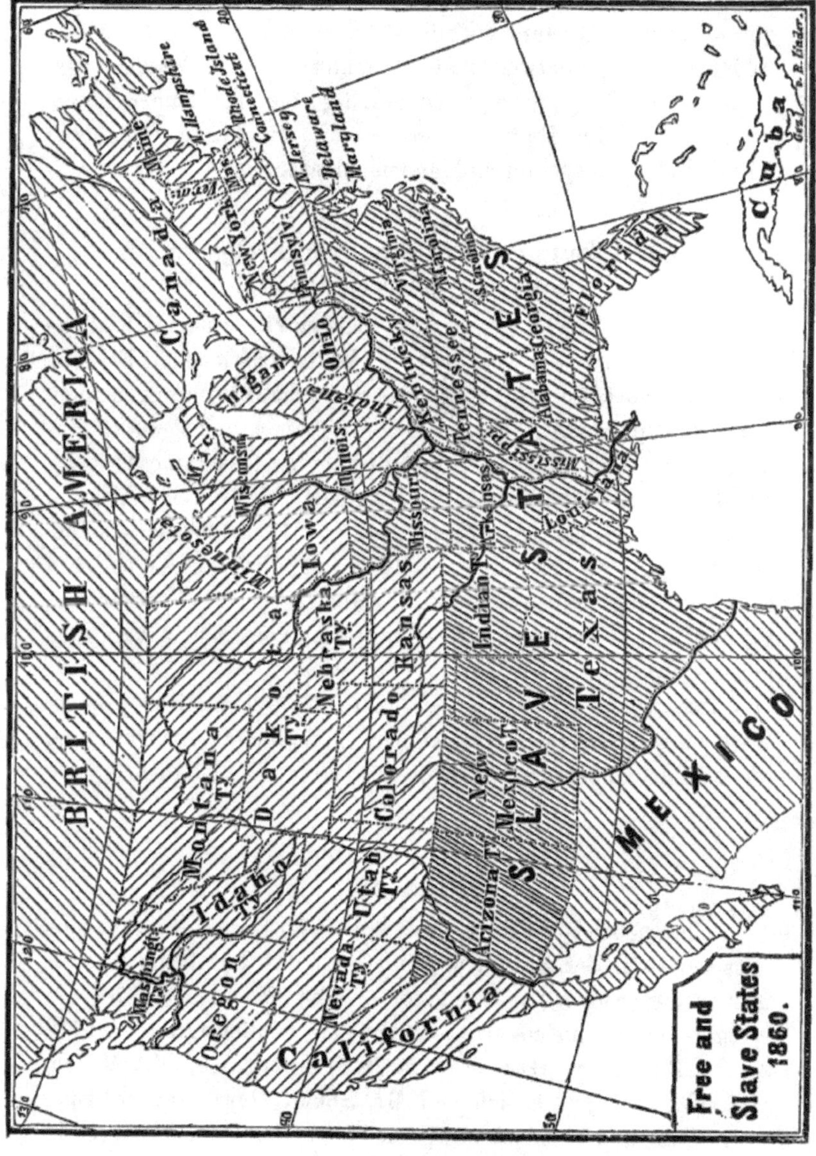

Free and Slave States 1860.

ein offenbarer Treubruch (§. 89.) und überzeugte im Verein mit der Fugitive-Slave-Bill das Land immer vollständiger von der drohenden Gefahr, so wie sie auch der Nation die Alternative aufzwang, entweder die Republik der befleckenden, verrätherischen Sklavenmacht vollständig und für immer hinzugeben, oder die Bundesregierung auf friedlichem und constitutionellem Wege ihren Händen zu entreissen.

§. 121.

Knights of the golden Circle.

(Ritter des goldenen Cirkels.)

Man kann nicht genau den Zeitpunkt, wann sich diese entsetzliche, geheime Gesellschaft bildete, bestimmen. Es sind Anzeichen vorhanden, dass sie grosse Verhältnisse angenommen hat; ja, man glaubt, dass dieselbe in einem einzigen Staate mehrere tausend Mitglieder gezählt hat. Verfasser dieses weiss aus der besten Quelle, dass die Mitglieder sich durch einen Eid verpflichten müssen, jeden, der ihnen vom Central-Ausschuss bezeichnet wird, zu ermorden. Selbstverständlich werden sie auch als Werkzeuge zur Ausführung jeglichen andern Verbrechens benutzt. Die Gesellschaft hatte angeblich vor 1858 in Virginien ihren Ursprung.

Der nachdenkende Leser kann ihre scheussliche Gegenwart in einer Reihe schrecklicher Handlungen wahrnehmen, die wahrscheinlich ihr Ende noch nicht erreicht haben.

§. 122.

Die Ostende-Conferenz.

Oktober 1854.

Eine neue Bewegung der südlichen Partei widerte den bessern Theil der Nation an, und liess das Ansehen des Landes in den Augen der Welt noch tiefer sinken. Drei hervorragende amerikanische Diplomaten der südlichen Partei, Mr. James Buchanan, Gesandter für Gross-Britanien, Mr. Mason, Gesandter für Frankreich und Mr. Soulé, Gesandter für Spanien, kamen mit einem gewissen Pomp der Oeffentlichkeit in

Ostende in Belgien zusammen und veröffentlichten, nachdem sie mit einander conferirt hatten, (denn man würdigte diese schmachvolle Zusammenkunft des Namens einer Conferenz) eine Appellation an das Volk, worin sie die Regierung der Vereinigten Staaten riethen, Spanien 120,000,000 Dollars für Cuba anzubieten und im Verweigerungsfalle es mit Gewalt zu nehmen. Für diesen Dienst setzte die Sklavenmacht Mr. Buchanan auf den Präsidenten-Stuhl.

§. 123.

Der Freibeuter Walker.

1856.

Die vorher erwähnten Ereignisse sollen, wie man vermuthet, in Zusammenhang mit der Sympathie, welche für den berühmten William Walker an den Tag gelegt ward, stehen. Dieser Mann fiel in die Republik Nicaragua ein, scheinbar nur in der Absicht, räuberischer Weise in Central-Amerika Länder zu erobern, um zu dem Plane des Südens, ein eigenes Sklaven-Reich zu gründen, mitzuwirken. Eine Person, Namens Vigil, wurde von Walker als Abgesandter nach Washington geschickt und vom Präsidenten Pierce auch als solcher anerkannt.

§. 124.

Der Kansas-Nebraska-Kampf.

1854—1856.

Eine weitläufige Landschaft war durch den Missouri-Compromiss von Sklaverei gerettet und fing an von freien Arbeitern bevölkert zu werden. Jetzt beschloss die Sklavenmacht, indem die Missouri-Bill annullirt war, ihre Institution auf diesen Boden zu verpflanzen. Ihre Agenten nahmen von dem Schlachtfelde als dem Centralpunkte der Vereinigten Staaten (Diagr. VII) Besitz, und versuchten Jahre lang durch abscheuliche Betrügereien und brutale Gewalt alle Ansiedler, ausser ihre eigenen Kreaturen, hinwegzutreiben. Die Missouri-Bill war unter dem Vorwande, das Volk jedes Gebietes habe das Recht für sich selbst zu wählen, widerrufen worden. Jetzt trat die Sklavenmacht selbst eben dasselbe Recht in Kansas mit Füssen. Eine bewaffnete Bande aus Missouri bemächtigte sich der Polls, erwählte Sklaven-Gesetzgeber, gab Sklavengesetze und legte den Widerruf der Missouri-Compromiss-Bill als ein Gesetz aus, welches die Sklaverei einführte und die Anti-Sklaverei-Partei ausschloss. Ihr Verfahren mag aus einem oder zwei Vorfällen beurtheilt werden.

Philipps, ein Anti-Sklaverei Mann, wurde von einer Rotte ergriffen, getheert, in Federn gesteckt und die Hälfte seines Kopfes geschoren; er musste auf einem Pfahl reiten und andere Unwürdigkeiten an seiner Person dulden. Die Beleidigung wurde vollständig, indem man ihn nach dem Platze, wo die Sklaven-Auction statt findet, schleppte, und dem Meistbietenden zum Spass verkaufte, während ein Neger als Auctionator zu fungiren genöthigt wurde.

Einige Tage später verkündete der Richter Payne in einer Versammlung folgende Beschlüsse:

Beschlossen: — Dass wir vollständig die Handlung des Bürger-Comité's billigen, welches William Philipps, den moralischen Meineidigen, schor, theerte, in Federn steckte, auf einem Pfahl reiten und durch einen Neger auf dem Sklavenauctionsplatz verkaufen liess.

Beschlossen: — Dass wir dem Comité Dank sagen für die getreuliche Rechtfertigung des Zutrauens, welches die Sklaven-Partei in dasselbe setzte.

Auf einem andern Meeting wurde ein Beschluss gefasst, welcher jeden Anti-Sklaverei Mann mit ähnlichen Brutalitäten, ja mit dem Tode bedrohte, wenn er sich in das Territorium wagen sollte. Er lautete:

„Beschlossen: — Dass die Institution der Sklaverei in diesem Gebiet bekannt und anerkannt ist; wir widersprechen der Doctrin, dass sie ein moralisches und politisches Uebel sei; wir werfen auf ihre verläumderischen Erfinder die Beschuldigung der Unmenschlichkeit zurück; wir warnen alle Personen, nicht an unsern friedlichen Heerd zu kommen, um uns zu verleumden, und den Saamen der Zwietracht zwischen Herren und Knechte zu säen, denn so sehr wir auch die Nothwendigkeit beklagen, zu der wir getrieben werden, so können wir für die Folgen nicht einstehen."

Ein Wachsamkeits-Comité wurde niedergesetzt, um die Anwesenheit eines jeden Anti-Sklaverei Mannes zu erforschen und anzuzeigen.

Bei einer Wahl wollte ein gewisser Mr. Bond für die Anti-Sklaverei-Partei wählen. Die Menge drohte ihn niederzuschiessen oder zurückzutreiben. Er suchte sich zu retten. Mehrere Schüsse wurden ihm nachgefeuert, als er über den Fluss setzte und zu entkommen suchte.

In der Strasse wurden mehrere Personen erschossen. Mit einem Worte, die Sklavenmacht zeigte sich hier offener als je in ihrem wahren Charakter, indem sie Gesetzlosigkeit, Rohheit und Laster der Ordnung und dem christlichen Fortschritt entgegensetzte.

Wir sind vollkommen gerechtfertigt, wenn wir annehmen, dass diese Handlungen der Ritterschaft unter der Anleitung der Ritter des goldenen Zirkels begangen worden sind (§. 121).

Obgleich die Bundesregierung, wie gezeigt (§. 120), gegen die Freiheit in Kansas handelte, so machten doch die eben geschilderten Vorgänge einen solchen Eindruck auf den Norden und Westen, dass sie jetzt die Absicht deutlicher Kund gaben, die bisherige passive Haltung aufzugeben, und sich nicht durch blutige Brutalitäten der Meuchelmörder, noch selbst durch die so oft mit Triumpf ausgestossene Drohung des Bürgerkrieges länger einschüchtern zu lassen.

Es gelang endlich einer freien Legislatur durch eine grosse Majorität Kansas eine freie Constitution zu geben.

Um den Gang der Ereignisse nicht zu unterbrechen, wollen wir hier hinzufügen, dass die nächste Administration (Buchanan) gezwungen wurde, Kansas als einen freien Staat zuzulassen (29. Januar 1861).

Während wir dies schreiben (1865), hat selbst der Staat Missouri die Sklaverei freiwillig aufgehoben.

§. 125.
James Buchanan, Präsident.
1857—1861.

Die Verwaltung des Präsidenten Buchanan erinnert an das Sprichwort, die dunkelste Zeit der Nacht ist gerade vor Tagesanbruch. Die Regierung war auf die tiefste Stufe der Erniederung herabgesunken. Sie hatte aufgehört Freiheit, Fortschritt, christliche Civilisation zu repräsentiren. Piraten, unter dem Namen Flibustier, gingen ungestraft nach aussen, um Nationen, mit denen wir in Frieden waren, Länder zu entreissen. Die berühmte Einleitung zur Unabhängigkeits-Erklärung ward in dem entgegengesetzten Sinne ausgelegt. Mr. Hammond's „wenige kühnen Geister" hatten ein ganz neues, politisches, moralisches und religiöses System proklamirt, welches aufgezeichnet also lautet:

Die Constitution hat den Sklavengebietern des Südens unveräusserliche Rechte gegeben, zu denen auch das Recht die Sklaverei zu verewigen und fortzupflanzen gehört.

Die Constitution hat keinem anderen Staate oder Individuum irgend welche Rechte gegeben.

Der Neger ist kein menschliches Wesen, sondern ein Lastthier. Wer immer sich dieser Meinung durch Wort und That widersetzt, muss als Verbrecher bestraft werden.

Die Constitution setzte die Sklaverei als eine ruhmvolle, nationale Institution in den Vereinigten Staaten ein und beabsichtigte sie so einzusetzen. Wer immer diese Wahrheit bezweifelt, muss getheert, in Federn gesteckt, auf der Auction verkauft und gehängt werden.

Kein Staat hat ein Recht zur Freiheit.

Sollte irgend ein Staat sich weigern, Sklaverei anzunehmen, so muss er durch das Bowie-Messer, die Pferdepeitsche, den Revolver und den Strick gezwungen werden.

Der afrikanische Sklavenhandel muss unter der Nationalflagge wieder eröffnet werden.

Die Sklavenstaaten haben das unveräusserliche und ausschliessliche Recht den Präsidenten zu wählen. Sollten die Freistaaten je die Frechheit haben, dieses Recht streitig machen zu wollen, so ist die Sklavenmacht verpflichtet, das Land mit Feuer und Schwert zu verwüsten, bis (dies sind Mr. Hudson's Worte §. 136) „jedes Thal vom Rio Grande bis Potomac von Blut überfliesst, bis jede Bergspitze mit den Gebeinen südlicher Kämpfer bedeckt ist.“

Unsere Regierung war politischen Abenteurern und Verschwörern Preis gegeben. Die Sklavenmacht hatte uns in einen ungerechten äusseren Krieg hineingedrängt, und war systematisch bestrebt, der Nation einen wüthenden Durst nach Annexion und Reichthum um jeden Preis einzuflössen. Sie hatte befreundete Nationen beleidigt, und den besseren Theil der Menschheit mit Unwillen und Hass gegen uns erfüllt — alle Departements innerhalb und ausserhalb des Landes theilweise mit Verräthern besetzt — unsere Gesetzgebungshallen durch unwürdige und brutale Vertreter entehrt. Sie war bemüht den gesetzgebenden Körper, den Gerichtshof, die Schulen und selbst die Kanzel zu korrumpiren. Sie lehrte mit Erfolg Millionen unseres Volkes Verrath, Laster und Gotteslästerung!

Es braucht uns daher nicht in Erstaunen zu setzen, dass die vermuthete Zerstörung unserer Republik selbst von Freunden der Freiheit und Humanität in Europa mit einer gewissen Gleichgültigkeit gesehen wurde. Aber wie hat man übersehen können, dass es die Sklavenmacht selber war, welche bis 1860 die Regierungsgewalt in Händen hatte (§. 140), und dass die Staaten des Nordens und Westens im Geiste der christlichen Civilisation durch die Wahl-Urne ihnen die Macht aus den Händen gerissen haben, um selber nach den edlen Principien der Constitution, wie sie ihre Gründer aufgestellt haben, weiter zu regieren.

§. 126.
Die Dred-Scott-Entscheidung. 1857.

Die Entscheidung Mr. Taney's, Oberrichters des höchsten Föderal-Tribunals, offenbarte dem Volke, dass auch unser Gerichtshof ein Werkzeug der Sklavenmacht geworden war.

Dred-Scott, ein Negersklave, wurde von seinem Herrn in das durch den Missouri-Compromiss vor Sklaverei geschützte Gebiet geführt, bevor die Bill dieses Compromisses annullirt worden war. Dann wurde er nach Missouri zurückgebracht und als Sklave behalten.

Nun reichte Dred-Scott eine Klage wegen gesetzwidrigen Eingriffs in seine Freiheit ein.

Der Oberrichter Taney entschied:

1) Dass unter der Constitution der Vereinigten Staaten ein von Sklaven-Eltern abstammender Neger kein Bürger der Vereinigten Staaten sein, und es nimmer werden kann.

(Diese Entscheidung war falsch, weil die Constitution keinen Unterschied der Farbe anerkennt, und das Wort „Sklave“ nicht gebraucht).

2) Die Missouri-Compromiss-Bill ist unconstitutionell.

(Auch diese Entscheidung war falsch. Die Constitution garantirte in keinem Falle der Sklavenmacht ein Recht, hinzugehen und sich mit ihren Sklaven in einem Staate niederzulassen, welches durch einen Act des Congresses, der sich auf feierlichem National-Compromiss gründete, für frei erklärt worden war).

Der europäische christliche Leser wird zweifelsohne gern eine Stelle aus der Entscheidung über diese Frage kennen lernen.

„Mehr als ein Jahrhundert vor der Unabhängigkeits-Erklärung“, sagt der Oberrichter Taney, „wurden die Neger, ob Sklaven oder Freie, schon als Wesen von niedriger Stellung betrachtet, und jeder socialen oder politischen Beziehungen mit Weissen für unwürdig gehalten und für so tiefstehend, dass sie keine Rechte besassen, die ein Weisser hätte achten müssen. Solche Menschen waren selbstverständlich nicht unter dem allgemeinen Ausdruck „Volk“ der Urkunde mitinbegriffen, und könnten in keiner Weise als Bürger betrachtet werden“.

§. 127.

Attentat gegen Senator Sumner. 1856.

Unter den Funken, welche in den Gemüthern des Nordens und Westens die Flamme eines heiligen und tiefen Unwillens gegen die Sklavenmacht entzündeten, und den Entschluss hervorriefen, nicht weiter vor ihren Angriffen zurückzugehen, war das während der Verwaltung des Präsidenten Pierce gegen Mr. Charles Sumner verübte Attentat.

Mr. Sumner, ein Mann von Genie und Gelehrsamkeit, ein bedeutender Schriftsteller, ein scharfsinniger Staatsmann und ein Redner, dessen für die Sache des Rechts erhobene Stimme weit über das ganze Land erschallte — konnte eine Stelle im Senate nicht einnehmen, ohne immer gewaltiger und furchtbarer seine tödtlichen Geschosse gegen die Hydra der Sklaverei zu entsenden. Er stand in erster Linie in der grossen Schlacht, als ein Hauptkämpfer für amerikanische Freiheit und Civilisation. Er erweckte in dem Herzen des Volkes Regungen, welche täglich mehr und mehr zu unwiderstehlicher Macht anwuchsen. Er hatte als Princip eine politische Wahrheit, welche in der Folge von Mr. Lincoln's Verwaltung und von dem Volke der Vereinigten Staaten adoptirt wurde, niedergelegt, nämlich — „Sklaverei sectional — Freiheit national“ — wohingegen die Sklavenmacht auf ihr Banner geschrieben hatte: „Sklaverei national — die Vertheidiger der Freiheit eine Faction.“ Die brutalen Vorgänge in Kansas wurden von Mr. Sumner mit schneidenden Worten, welche zu jener Zeit viele seiner Freunde für zu stark hielten, später aber als prophetischer Donner sich erwiesen haben, gebrandmarkt. Sie ertönten durch das Land und erbitterten besonders die Kreaturen der Sklavenmacht, die mehr gewohnt waren, die Peitsche auf den nackten Rücken hülfloser Frauen fallen zu lassen, als sie auf ihrem eigenen zu fühlen.

Einige Tage nach dieser Rede, 1856, kamen zwei „Gentlemen“ aus dem Süden, drangen in das Senatszimmer, wo Mr. Sumner während einer Zwischenzeit in der Senatssitzung allein an seinem Pulte schrieb, und schlugen ihn mit einem Gutta-Percha Stock so lange auf den Kopf, bis er besinnungslos zu Boden fiel, und sich in seinem Blute wälzte. Mit genauer Noth wurde er vom Tode gerettet, aber seine Verletzungen waren die Ursache qualvollen Leidens, und untersagten ihm während eines Zeitraums von etwa vier Jahren jede Art von Thätigkeit. Es ist der beste Grund vorhanden zu glauben, dass man die Absicht hatte ihn niederzuschiessen, wenn er oder irgend einer seine Freunde Widerstand geleistet hätte. Als er seinen Sitz im Senate wieder einnahm, erneuerte er auch sofort seine Angriffe gegen die Sklaverei. Sein Verfahren ist consequent, edel und erhaben gewesen. Während der Rebellion hat er den hohen Posten des Vorsitzenden des Comités der auswärtigen Angelegenheiten bekleidet, in vielen Fällen eine correctere öffentliche Meinung geschaffen und das Land zu höheren Anschauungen und edleren Reformen mit sich fortgerissen. Die beabsichtigte grausame Ermordung eines solchen Mannes sogar im Senatszimmer trug ohne Zweifel viel dazu bei, der Nation ihre wahre Lage und gebieterische Pflicht klar zu machen.

§. 128.

Ausbruch der Rebellion. 1860.

In dieser Krisis setzte die Nation auf vollkommen friedfertigem und constitutionellem Wege Abraham Lincoln auf den Präsidentenstuhl.

Ueber die wirkliche Absicht bei dieser Wahl herrscht in Europa die falsche Vorstellung, dass der Norden das Schwert des Bürgerkrieges gezogen und den Süden verwüstet habe, um ihn zu unterjochen. Präsident Lincoln habe den Krieg angefangen, um die Sklaverei durch eine plötzliche, ungerechte Emancipation abzuschaffen.

Das ist gerade das Gegentheil der Wahrheit. Mr. Lincoln wurde auf folgender Platform gewählt: „dass die unverletzte Aufrechthaltung der Rechte jedes einzelnen Staates, seine eigenen inneren Angelegenheiten nach seinem eigenen Urtheil zu ordnen und zu controlliren, eine wesentliche Bedingung sei für das Gleichgewicht der Macht, auf deren die Vollkommenheit und Dauer unseres politischen Gebäudes ruhe, und dass der ungesetzliche, gewaltsame Einfall in irgend einen Staat oder Territorium, sei es in Kansas oder Süd-Carolina, gleichviel unter welchem Vorwande, eines der grössten Verbrechen sei“. Mit andern Worten Mr. Lincoln hatte weder die Ermächtigung noch die Absicht, sich in die Sklaverei, wo sie eben bestand, einzumischen. Er wurde aus zwei Gründen erwählt, erstens: um die Bundesregierung aus den Händen der Sklavenmacht, die unsere Constitution befleckte und zerstörte, zu reissen; — zweitens: um die Sklaverei auf die Grenzen zu beschränken, die ihr von der Constitution vorgeschrieben waren. Die grosse Majorität des Nordens meinte nicht, dass die Sklaverei plötzlich auf unconstitutionellem Wege und ohne Entschädigung aufgehoben werden solle. Er beabsichtigte, der Sklavenmacht ihre Rechte zu lassen, aber auch die Seinigen aufrecht zu erhalten. Hätte die Sklavenmacht sich nicht empört, hätte sie sich innerhalb ihrer constitutionellen Grenzen gehalten, so würde die Sklaverei allerdings zuletzt nach dem klaren Geiste und der Absicht der Constitution aufgehoben worden sein; sie würde aber nach und nach gegen eine grossmüthige Entschädigung, ohne Blutvergiessen und Empörung, durch ein Amendement zur Constitution erloschen sein. Der Süden würde dann reich und glücklich geworden sein, indem er aus freiwillig geleisteter Arbeit der Schwarzen mehr Vortheil zöge, als er je aus der Sklaverei gezogen.

Gott bietet öfter als wir denken solche Gelegenheiten dar;

aber der Mensch in seiner Thorheit und Ungläubigkeit versteht sie nicht zu benutzen.

Der höllische Charakter der Sklaverei und die Unmöglichkeit, solch eine scheusliche und gefährliche Ausgeburt in unserem Lande länger zu dulden, ist während des Fortschritts der Rebellion mit erschreckender Klarheit hervorgetreten. Ihre gänzliche Ausrottung wurde eben sosehr durch die Noth des Krieges gerechtfertigt und gefordert, als durch den Instinct der Selbsterhaltung, die Vorschriften der Menschlichkeit und die Ehrfurcht erweckende Stimme Gottes geboten! — Zu lange hatte das Land an dem Gewinn theilgenommen! — Wir waren aufgewachsen wie der Baum Nebukadnezar's, dessen Spitze bis an den Himmel reichte. Wandelnd auf unserm Palast, wie jener grosse König von Babylon, schauten wir das mächtige Gebäude an, das wir „durch unsere grosse Macht, zu Ehren unserer Herrlichkeit aufgerichtet hatten“. Wir vergassen, dass der Allerhöchste lenkt und nach Seinem Willen handelt in dem Heer des Himmels und unter den Bewohnern der Erde, — und dann fiel das Feuer.

Wäre Mr. Lincoln unmittelbar nach seiner Erwählung im Stande gewesen, die Zügel der Regierung zu ergreifen, so würde vielleicht keine Empörung von solcher Ausdehnung stattgefunden haben, oder sie wäre wenigstens erfolglos geblieben. Unglücklicherweise verlangte die Constitution, dass der Präsident erst vier Monate nach der Wahl sein Amt antreten konnte. So hatte die Sklavenmacht vier Monate Zeit, um die Regierung, den Schatz, die Armee und die Flotte zur Organisirung der Rebellion zu benutzen.

Die Geschichte wird unter mehreren Anderen in der Person eines ausgezeichneten Staatsmannes, Mr. Lewis Cass, Sekretärs der auswärtigen Angelegenheiten, gern eine ehrenvolle Ausnahme machen; denn er zog sich aus Washington, als er inne wurde, was vorging, zurück.

Unter der väterlichen Fürsorge des Cabinets nahm die Empörung mit reissender Schnelligkeit eine Ausdehnung an, welche den unverdorbenen und bei weitem grössten Theil des amerikanischen Volkes mit Staunen und Schrecken erfüllte.

Der Schatz-Sekretär, Mr. Howell Cobb, ein Sklavenhalter aus Georgia, hatte den Schatz im guten Zustande gefunden und brachte ihn absichtlich fast bis zum Bankerott. Mehr als sechs Millionen Dollars wurden gestohlen und zweifelsohne zur Unterstützung der Rebellion verwandt. John B. Floyd, Kriegs-Sekretär und Davis' vertrauter Freund, beraubte die nördlichen Arsenale einer unermesslichen Anzahl von Kanonen, Kugeln, Pulver und Bomben, und sandte sie den Rebellen. Siebenhundert und siebzigtausend Gewehre mit allem Zubehör und zweimal hunderttausend Revolver wurden durch Floyd an passende Punkte des Südens vertheilt.

Die geringen Erfolge unseres Bundesheeres während des ersten Jahres sind eben zum Theil dem fast gänzlichen Mangel an Gewehren zuzuschreiben.

Der Sekretär der Marine war Isaak Toucey von Connecticut. Die kleine Flotte bestand nur aus neunzig Schiffen aller Klassen. Diese zerstreute Toucey vorsichtig, indem er sie nach den entlegensten Punkten der Welt sendete. Solche Schiffe, über welche nicht verfügt werden konnte, wurden unter dem Vorwande der Ausbesserung abgetakelt.

Während das Cabinet so beschäftigt war, was that der Präsident? Nichts! Der Oberbefehlshaber der Armee, General Scott, und der Sekretär der auswärtigen Angelegenheiten, Lewis Cass, baten Mr. Buchanan inständig nach Fort Sumter Verstärkungen zu schicken, um den Hafen und die Stadt Charleston zu schützen. Er schlug es ab. Ein angeblicher Versuch Lebensmittel dorthin zu senden hatte natürlich keinen Erfolg.

In wie fern die Schuld den Krieg angefangen zu haben auf den Präsidenten Lincoln und seine Verwaltung geworfen werden kann, mag man aus der folgenden Liste ersehen, in der einige der kriegerischen und verrätherischen Akte aufgezählt sind, die unter Mr. Buchanan's Präsidentschaft und noch vor Mr. Lincoln's Amtsantritt (4. März 1861) begangen wurden.

27. December 1860. Einnahme des Forts Moultrie durch süd-carolinische Truppen.

3. Januar 1861. Einnahme des Forts Pulaski durch Truppen von Savannah.

3. Januar. Besetzung des Zeughauses von Mount Vernon, Alabama, mit 20,000 Gestellen von Waffen, durch Alabama-Soldaten.

4. Januar. Einnahme des Fort Morgan, in Mobile Bay, durch Alabama-Truppen.

10. Januar. Die Forts Jackson, St. Philipp und Pike, bei New-Orleans, werden durch Truppen aus Alabama eingenommen.

14. Januar. Wegnahme der Schiffbau-Werkstätten von Pensacola und der Forts Barrancas und Mac Rae.

13. Januar. Uebergabe des Arsenals von Bâton Rouge an Louisiana-Truppen.

31. Januar. Die Münze und das Zollhaus von New-Orleans weggenommen.

2. Februar. Arkansas-Truppen ergreifen Besitz vom Zeughaus zu Little-Rock.

9. Februar. Jefferson Davis und Alexander Stephens zum Präsidenten und Vice-Präsidenten gewählt.

Gerade bevor sich Buchanan von seinem Amte zurückzog, löste sich sein Cabinet auf. Er ernannte an der Stelle desselben unter Anderen Mr. Stanton, Mr. Holt und General Dix, Männer, die sich seitdem ebenso loyal, als fähig bewiesen haben.

§. 129.

Abraham Lincoln, Präsident. 4. März 1861.

Als Mr. Lincoln seine Heimath verliess, um nach Washington zu reisen, wurde er auf dem Bahnhof von einer grossen Menschenmenge mit Jubel begrüsst. Die kurze Anrede, welche er an dieselbe richtete, charakterisirte vollständig seine ruhige

Weisheit, seine demüthige Bescheidenheit und den festen Entschluss seine Pflicht zu erfüllen. Er setzte seine Hoffnung gänzlich auf die Gnade und den Beistand Gottes. Er offenbarte ein tiefes Gefühl des feierlichen Ernstes und schloss mit der Bitte für ihn zu beten. „Wir werden für Sie, Herr Präsident, beten", rief der Haufen mit lautem Zuruf.

So reiste Abraham Lincoln ab, um seine Mission zu erfüllen — wie Moses den Kindern Israels zu sagen „vorwärts" — wie David dem Goliath: „Du kommst zu mir mit Schwert, Spiess und Schild; ich aber komme zu dir im Namen des Herrn Zebaoth, des Gottes des Zeuges Israels, den du gehöhnet hast."

Er entging mit Mühe der Ermordung, ehe er Washington erreichte. Verschworene, — Creaturen der Sklavenmacht und der Rebellion — hatten einen heimlichen Anschlag wider sein Leben gemacht. Ein angeblicher Volksaufstand war in der Stadt Baltimore organisirt worden, unter dessen Begünstigung er bei seiner Durchreise durch diese Stadt ermordet werden sollte. Obwohl er hiervon Kenntniss erhielt, liess er sich dennoch nicht von der Reise zurückhalten. Er fuhr verkleidet in aller Stille und in Begleitung des Herrn Judd, unseres trefflichen Ministers in Berlin, durch Baltimore.

Beim Antritt seines Amtes fand er die Regierung von Waffen entblösst. Nur zwei Schiffe waren in den nördlichen Häfen. Die Empörer hatten ihre Arrangements, um Fort Sumter anzugreifen, so getroffen, dass es zu spät war, Verstärkungen dorthin zu senden.

Das erste grosse Kriegs-Ereigniss war der Angriff auf Fort Sumter. (12.—14. April 1861.)

Es ist nicht unsere Absicht, eine Geschichte der Rebellion zu schreiben, sondern einfach dem europäischen Leser einigen Aufschluss über den Ursprung und wahren Charakter dieses grossen Kampfes zu geben. Wir verlassen deshalb hier den Gang der historischen Ereignisse.

Das Volk des Nordens wurde langsam mit dem Charakter und der furchtbaren Ausdehnung der Empörung bekannt. Es sammelte sich, als die Wahrheit klar wurde, mehr und mehr um seine Regierung, entfaltete die Unermesslichkeit seiner Hülfsquellen, und zeigte die Tiefe seiner Liebe zum Vaterlande. Wie durch Zauberschlag entstand eine Flotte und eine Armee, wie sie sehr selten übertroffen worden sind.

Das militärische Genie des Südens blendete die nicht nachdenkende Welt. Unbestreitbar hat er militärisches Genie und glänzende Tapferkeit an den Tag gelegt. Aber wenn wir uns daran erinnern, dass eine Rotte Verräther die Rebellion nach einem längst vorher bereiteten Plane leiteten,dass sie das Land überrumpelten; während einer Periode die ganze Macht der Vereinigten StaatenRegierung selbst in Händen hatten; sich in fast uneinnehmbaren Festungen verschanzten, und die Natur zu ihren mächtigsten Verbündeten zählten; ungeheure Zufuhren durch eine schändliche Organisation des Blokadebrechens bezogen; den Krieg mit einer concentrirten Gewalt, wie sie ein absoluter Militär-Despotismus mit sich bringt, führten; gänzlich gleichgültig gegen die Anwendung ungerechter Mittel waren, und eines fürchterlichen Terrorismus als Hauptwerkzeug sich bedienten —, so dürfen wir uns nicht wundern, dass ihr sündhaftes Unternehmen mit einem vorübergehenden Erfolge gekrönt wurde.

Aber diese ersten Triumphe und die vermuthete unfreundliche Gesinnung zweier fremder Regierungen erweckten endlich in dem loyalen Volke den Entschluss, nicht nur die wilde Rebellion niederzutreten, sondern ihre Ursache schnell und für immer zu beseitigen, welche Opfer es auch fordern möge. Es gab der Regierung fünfhundert Millionen Pfund Sterling, und war bereit diesen Betrag zu verdoppeln. Es brachte mehr als eine Million Mann, meistens Freiwillige, auf, und würde, wenn nöthig, diese Zahl noch einmal aufgebracht haben. Eine Sanitäts-Commission, die für die Armee sorgen, und die Kranken und Verwundeten (sowohl die des Feindes, als unsere eigenen) pflegen sollte, entstand in einem riesigen Massstabe und mit einer Vollkommenheit der Organisation, wie sie nie vorher in der Welt gesehen worden war. Wenn sie auch nicht, um mit Mr. Cobden zu sprechen, die Armee mit Wildpret und Champagner traktirte, so versah sie dieselbe doch nicht allein mit allem Nöthigen, sondern auch mit solchen Leckerbissen, als Truthähnen, Austern, Erdbeeren, Stachelbeeren, Kaffee u. s. w.

Wie gross auch das militärische Genie des Südens gewesen sein mag, so kam doch das der Bundes-Armee und Marine ihm mindestens gleich. Feldzüge und See-Expeditionen, herrlich entworfen, wurden mitten unter unerhörten Schwierigkeiten glänzend durch Grant, Sherman, Faragut und Andere ausgeführt, bis ihre Anstrengungen von einem vollständigen und grossmüthig gebrauchten Siege gekrönt waren.

§. 130.
Grausame Behandlung der Gefangenen der Bundes-Armee durch die Behörden der Rebellen.

In einem Punkte hat sich der Norden dem Süden überlegen gezeigt, nämlich in der Menschlichkeit. Weder in der dunkelsten Stunde der Verzagtheit, noch in dem höchsten Freudenrausche des Sieges, ist er von dem Geiste christlicher Civilisation abgewichen.

Die Rebellen-Sklavenmacht hat mit Vorbedacht eine ganz entgegengesetzte Handlungsweise eingeschlagen, welche die Schrecken der berühmten schwarzen Höhle zu Calkutta und die Blutthaten des Königs von Dahomey weit hinter sich im Schatten zurücklässt, und in allen zukünftigen Zeiten zurücklassen wird. Wir übertreiben nicht, wenn wir versichern, dass Nichts in der Weltgeschichte je die wohlüberlegten Grausamkeiten, die an den Gefangenen während der ganzen Zeit der Rebellion mit der grössten Herzlosigkeit verübt wurden, übertroffen hat.

Die Sanitäts-Commission setzte ein Untersuchungs-Comité nieder, das aus hervorragenden, wissenschaftlich gebildeten Männern bestand, von denen Viele, wie Dr. Valentin Mott,

Dr. Hare, Dr. Delafield, in Europa wohlbekannt sind. Dieses Comité hat einen Bericht abgefasst, welchen die Menschlichkeit gern als unmöglich zurückweisen möchte, wäre er nicht durch unbestreitbare Thatsachen gerechtfertigt und durch kompetente Zeugen eidlich verbürgt. Die Thatsachen beweisen, dass das Rebellen-Gouvernement den Vorsatz gefasst und ausgeführt hatte, Tausende und Tausende der Gefangenen in den verschiedenen Gefängnissen von Richmond, Andersonville, Salisbury u. s. w. durch langsames Verschmachten, Frost, Aussetzen ohne Obdach oder Kleidung, Schmutz, Ungeziefer, entsetzliche Missbräuche, absichtliche, systematisch unmenschliche Vernachlässigung, zu widerlich um sie wiederzugeben, zu tödten. Tausende lagen während des Sommers, des Herbstes, des Winters, des Frühlings obdachlos, fast ohne Nahrung, bis die Kleidungsstücke, deren man sie nicht beraubt hatte, an ihren Leibern faulten. Wahnsinnig durch den sengenden Strahl der Sonne, der auf ihre unbedeckten Häupter herabglühte; schaudernd in den feuchten Nebeln der Nacht und in den Regengüssen; zusammenkriechend, um einander zu erwärmen, — fand man die äussern Kreise der Haufen oft des Morgens als geisterhafte Leichen. Manche gruben sich Höhlen in den Sand, die ihre eigenen Gräber wurden. Der Hunger zwang Viele der Unglücklichen, Ratten zu essen. Ein in dem Gehäge herumstreifender Hund ward ergriffen, in Stücke gerissen und von den Verhungernden verschlungen. Das Aufkreischen der Wahnsinnigen mischte sich mit dem Stöhnen der Sterbenden. Oft ertönte ohne Warnung und ohne Ursache der scharfe Knall des Feuergewehrs, indem von einer boshaften Wache eine Kugel mitten in die unglückselige Menge gesandt wurde. Einmal versuchten die Gefangenen durch einen Tunnel zu entkommen; aber der Plan ward entdeckt, als der Tunnel fast vollendet war, und ein Feuer an dem einen Ende angezündet, so dass eine Menge mit Vorbedacht verbrannte oder erstickte. In Andersonville, Georgia, allein wurden auf diese Weise 35,000 Gefangene, Monate und Jahreszeiten lang behandelt, so dass die Sterblichkeit 130 per Tag durchschnittlich betrug. Erschreckt durch das Nahen der Bundes-Armeen brachte man bisweilen diese Opfer in entferntere Schlachthäuser. Verwundete, Unverwundete, Kranke, Sterbende, Jung und Alt wurden in Sorglosigkeit und Eile zusammengepresst; in Vieh- und Güter-Waggons geschoben, — schaudernd, kreischend, blind, schwindlig von brennenden Fiebern, mit Durchfall, Delirium, Ohnmacht heimgesucht — sterbend im Schmutz der Krankheit und im Blut unverbundener Wunden!

In einigen Fällen waren die Rebellen unfähig, den Gefangenen Linderungsmittel zu verschaffen; aber sehr selten. Oft war im Gegentheil solch ein Ueberfluss an Mitteln zur Erleichterung ihres Schicksals vorhanden, dass wir nicht umhin können, diese Handlungsweise, eines der entsetzlichsten Verbrechen, welche die Geschichte aufweist, theils als einen Act boshafter Rache, theils als das Resultat einer höllischen Berechnung anzunehmen. Die Sklavenmacht hatte eine Zeitlang beschlossen:

1. Durchaus keine Gefangenen auszuwechseln, wenn nicht die Bundes-Regierung von dem Grundsatze abginge, der doch dem ganzen Kriege zu Grunde lag, und nicht aufgegeben werden konnte; nämlich: die Auswechslung der Neger-Soldaten als ob sie Weisse wären.

2. Die Anführer der Rebellen dachten, dass die unaussprechlichen Leiden so vieler Tausend Soldaten der Bundes-Armee, während sie die wilde Rachelust gegen die Yankees befriedigten, die Männer des Nordens abschrecken würden, sich anwerben zu lassen und die Bundes-Regierung somit gezwungen werden würde, den Krieg einzustellen.

Die Presse der Rebellen liefert uns unwiderlegbare Beweise von dem Geiste, in welchem diese Verbrechen verübt wurden. In einem der Richmonder Journale fand sich zum Beispiel folgende geheimnissvolle Drohung: Lasst den ver....n Yankee-Soldaten auf dem Schlachtfelde fallen, aber lasst ihn nicht in das Libby-Gefängniss kommen!“

Ein grosser Theil dieser Grausamkeiten hat zu Richmond fast unter Davis' Augen stattgefunden. Ein Wort von seinen Lippen würde das schreckliche Schicksal Tausender gemildert haben. Welches auch immer die öffentliche Meinung in Betreff Lee's sein mag, ein dunkler Fleck ruht auf seinem Namen, da er augenscheinlich Mitschuldiger an diesem ungeheuren Verbrechen war.

Die Zahl der auf solche Weise gemordeten Soldaten ist so gross, dass der Verfasser davon absteht sie zu nennen. Der aufmerksame Leser wird ohne Zweifel bald im Stande sein, sich aus officiellen Documenten eine richtige Vorstellung zu verschaffen.

Der Verfasser will einen Feind nicht verleumden, eben so wenig ein Zeugniss, das nicht auf lauterer Wahrheit beruhe, zu Gunsten des Nordens und Mr. Lincoln's Verwaltung ablegen. Dennoch unternimmt er es freiwillig bei seiner Ehre, die Erklärung hinzuzufügen, dass, während jene Grausamkeiten von den Rebellen-Behörden ausgeübt wurden, man im Norden die Gefangenen mit grossmüthiger Menschlichkeit behandelte, und nicht Gleiches mit Gleichem vergalt. Es konnte schwerlich anders sein, als dass ein Schrei nach Vergeltung im Norden ertönte, wenn auch nicht im Geiste der Rache, so doch wenigstens, um die Rebellen zu zwingen, jene wilden Grausamkeiten einzustellen. Aber dieser Schrei wurde durch die vereinte Stimme des Präsidenten, seines Cabinets, des Congresses und des nordischen Volkes erstickt. In dieser Pflicht ging Sumner Hand in Hand mit dem Präsidenten. Als eine Bill der Wiedervergeltung im Senate vorgeschlagen wurde, votirte Mr. Charles Sumner dagegen. Es war vielleicht der grösste Moment seines Lebens, als er gerade auf der Stelle, wo er durch die Sklavenmacht fast niedergemetzelt worden wäre, sich der Vergeltung in einer Rede voll des edelsten Geistes christlicher Gesinnung widersetzte,, und mit der Bemerkung schloss: „Lassen Sie uns diese wilde Empörung unterdrücken, aber nicht ihre barbarischen Handlungen nachahmen!" —

§. 131.
Friede und freundschaftliche Trennung.

Warum hatten nicht die zehn Millionen des Südens so viel Recht, sich von der Regierung Lincoln's loszusagen, als das Volk der dreizehn Colonien einst hatte, sich von der Georg's III. zu trennen? Belgien hatte sich von Holland losgesagt, Italien von Oesterreich, Griechenland von der Türkei. Warum sollten die selbstsüchtigen und anmassenden Yankees des Nordens dasselbe Recht Süd-Carolina und den andern conföderirten Staaten verweigern dürfen?

Wenn eine freundschaftliche Trennung möglich und passend gewesen wäre — der Norden würde sich nicht geweigert haben, sich von den Sklaven-Staaten zu befreien, sowie man sich von einem krebsartigen Gliede durch Amputation befreit. Aber ein solches Arrangement würde, während es eine schmachvolle Pflichtverletzung bewiesen hätte, den Krieg nicht vermieden, sondern ihm nur noch einen blutigeren Charakter und riesenhaftere Ausdehnung verliehen haben. Die Vertheidiger solches schmählichen Friedens behaupten, dass, wenn man erst einmal über eine Trennungslinie übereingekommen sei, die beiden Nationen Seite an Seite, in Eintracht und Wohlstand, aufblühen würden.

Wenn aber der Norden unfähig gewesen war, sich gegen die Sklavenmacht, als sie einen Theil der Union bildete und ohne fremde Allianzen kämpfte, zu behaupten, wie hätte er sich schützen können, wenn diese abscheuliche Macht, berauscht von Sieg, Ehrgeiz und Rachedurst, eine unabhängige Soldatenherrschaft, deren ungeheure Grenzen sich vom Atlantischen Meere bis zum Stillen Meere erstreckten, gegründet hätte, und die im Besitze von grossen schiffbaren Flüssen, zahlreichen Häfen und einer Seeküste von mehreren tausend Meilen Länge war? Fügen wir noch hinzu, wenn Tausende von Männern selbst in den nördlichen Staaten gefunden werden konnten, die für Gold, für ein Leben sinnlichen Genusses und blendender äusserer Wohlfahrt bereit waren, der Sklavenmacht die Füsse zu küssen und ihr Zeichen auf ihren Stirnen zu empfangen.

Wenn wir schon ein Gesetz über die Auslieferung entlaufener Sklaven gehabt hätten (§. 118), was für ein Gesetz würden wir erhalten haben, wenn Jefferson Davis ein mächtiger Eroberer geworden wäre, und um sich alle Macht des Bösen gesammelt hätte, das auf Erden existirte? Ist es wahrscheinlich, dass zwei solche Systeme in Harmonie neben einander bestehen konnten? Darf man sich wundern, dass der Norden, der Westen und die Regierung des Präsidenten Lincoln überzeugt waren, jedweder Vergleich mit solch' einer Rebellion müsse so unselig sein, wie ein Vergleich mit dem Bösen selbst? Darf man bezweifeln, dass es unsere unabweisliche Pflicht war, die Folgen jedes Krieges, welche gegen uns herauf beschworen werden konnten, auf uns zu nehmen, während wir noch die Macht und das Recht hatten, die Rebellion zu unterdrücken? Unsere Pflicht gegen die vier Millionen Neger, gegen die noch ungebornen Sklaven, gegen die fernen Horden Afrika's und die ganze Aethiopische Nation, die nun ihre Hände ausstreckt, gegen die armen weissen Arbeiter, gegen unsere Kinder und Kindeskinder, gegen Gott und Menschen; — unsere Pflicht gegen alle verlangte, dass der Krieg mit immer zunehmender Entschlossenheit und immer stärkerer Kraft, mit christlicher Grossmuth und Nachsicht, mit Geduld, Festigkeit und Gottvertrauen fortgeführt werden musste!

Die ungerechten, materiellen Verluste, welche dem nördlichen Volke als Nation durch Ausscheidung so vieler Staaten zugefügt worden wären, dürfen auch nicht übergangen werden. Louisiana war für funfzehn Millionen Dollars, Florida für fünf Millionen und Texas, im mexicanischen Kriege, wiederum für Millionen von der Union gekauft worden. Durch die Union war das Land geordnet worden. Die Festungen, die Schiffswerften, die Leuchtthürme, die Häfen hatte die Union gebaut.

Und die Union war vom Volke der Vereinigten Staaten gegründet worden.

Gott selber hat durch die Configuration unseres Continentes angezeigt, dass er nicht der Wohnsitz zweier streitender Elemente, die sich gegenseitig zerstören möchten, sein sollte, sondern einer harmonisch friedlichen Civilisation, die, zu gleicher Zeit und zum allgemeinen Besten, die grossen Seen, den Golt von Mexico und das ungeheure einheitliche Flusssystem des Mississippi, des Missouri und des Ohio besitzen sollte.

Hundert Jahre lang ist der friedfertige Norden Schritt für Schritt vor des Sklavenhalters Drohungen mit Bürgerkrieg zurückgegangen. Schritt für Schritt — vor der Unabhängigkeitserklärung (§. 37) — der Ordinanz von 1773 (§§. 54, 55) — der Constitution (§. 59) — der Zulassung des Staates Florida (§. 85) und des Staates Missouri (§. 89) — dem Tarif von 1832 (§. 93) — dem Petitionsrecht (§. 102) — der Annexion von Texas (§§. 105, 106) — dem Krieg nit Mexico (§§. 108, 109) — dem Wilmot-Proviso (§. 112) — der Bill wegen Auslieferung entflohener Sklaven von 1850 (§. 118) — den Widerruf des Missouri-Compromiss (§. 120) — den blutigen Scheusslichkeiten der Sklavenmacht in Kansas (§. 124) — Schritt für Schritt während eines Jahrhunderts hat sich der Norden zurückgezogen, bis der grosssprecherische Süden prahlte, er wolle ihn mit seiner Peitsche, wie seine eigenen Neger, treiben; er wolle auf dem Capitol von Washington eine neue Fahne aufpflanzen und im Stadthause von Boston seine Sklavenliste ausrufen!

§. 132.
Die Frage vom südlichen Standpunkte aus betrachtet. Senator Hammond.*) 1858.

Eine von James H. Hammond, Ex-Gouverneur von Süd-Carolina und Mitglied im Föderal-Senate, im Jahre 1858 ge-

*) Speech of Hon. James H. Hammond, delivered at Barnwell C. H. October 20, 1858, Charleston; Steam Power Press of Walker, Evans & Co. 1858.

haltene Rede kann als ein Beispiel südlicher Ansichten, Leidenschaften und Pläne betrachtet werden. Gouverneur Hammond sagt:

„Der Süden kämpfte für die Constitution und ihre Rechte. Er vertheidigte den Widerruf des Missouri-Compromisses auf dem Grunde, dass jedes Gebiet das Recht der Selbstbestimmung haben sollte, ob mit oder ohne Sklaverei. Er betrachtete den Missouri-Compromiss als aufgehoben durch die Zulassung von Californien. Eine überwältigende Majorität des Südens wollte es vorziehen, mit Sklaverei in der Union zu bleiben. Die grosse Masse des Südens sucht nicht diese Union aufzulösen, aber die Gleichheit der freien und Sklaven-Staaten war durch die Zulassung Californiens im Congress verloren. Seitdem Kansas und Nebraska als freie Staaten zugelassen worden waren, mussten Neu-Mexico und andere folgen. Die Auswanderung von Europa nach dem Norden war ausreichend, um jedes Jahr einen neuen Staat zu bilden; nach dem Süden giebt es buchstäblich gar keine Auswanderung. Seit dem Aufhören des Sklaven-Handels hatte sich die Bevölkerung nur in natürlicher Weise vermehrt, und wenn der Süden Leute genug zur Colonisirung gehabt hätte, so würde Kansas ein Sklaven-Staat gewesen sein."

Wir unterbrechen Mr. Hammond hier, um sein wichtiges und ganz correktes Zugeständniss hervorzuheben, dass der Süden wegen des Mangels an Einwanderung zu leiden hatte. Die Einwanderung wurde durch das Institut der Sklaverei verhindert, und man wird immer finden, dass die Sklaverei und nicht die Gesetzgebung des Nordens die Ursache des langsamen Fortschritts des Südens und seines Verlangens ist, sich loszutrennen.

§. 133.

Mr. Hammond fährt fort:

„Es wurde vorgeschlagen, den afrikanischen Sklaven-Handel wieder zu eröffnen, aber es wird unmöglich sein, den Congress dazu zu bringen. In dieser Politik war der Süden selbst getheilt. Es war vorgeschlagen worden, Mexico und Central-America als Sklaven-Staaten zu nehmen, aber alles was man von diesen Ländern wünschte, war eine neutrale Strasse über den Isthmus. Wenn wir die nicht in anderer Weise bekommen können, müssen wir sie durch Waffengewalt nehmen. Cuba, wenn wir es erlangten, würde nur 2 oder 3 Sklaven-Staaten ausmachen, was nicht genug wäre, um das Gleichgewicht zwischen dem Norden und Süden herzustellen etc. Niemand darf glauben, dass er der „Ausbreitung des Gebiets der afrikanischen Sklaverei" entgegen war.

Gott hat die Neger zu keinem anderen Zweck geschaffen, als „Holzhauer und Wasserträger" — das heisst, Sklaven der weissen Race zu sein. Er wünschte sie in dieser Eigenschaft an jeder Stelle der Erdoberfläche zu sehen, wo ihre Arbeit nöthig oder nützlich ist. Er zweifelte nicht, dass dies das schliessliche Resultat sein würde. Er hielt die Idee, von den Sklaven- und freien Staaten Gleichheit der Wahl zu erlangen, für phantastisch."

„Der Süden sollte den Thatsachen in's Angesichts sehen. Mit 12,000,000 Menschen und einem stattlichen Gebiet, hinreichend, um noch hundert Millionen zu unterhalten — mit See-Küsten — Häfen — Flüssen — Bergen und Ebenen — einem gesunden Klima — edlen Metallen — einem fruchtbaren Boden — einer unnennbaren Fülle der schätzbarsten Erzeugnisse des Ackerbaues — einer ausserordentlichen Fähigkeit Industrie und Manufacturen zu entwickeln, und mit dem besten socialen und industriellen System, das je organisirt wurde — der Süden, eines der tugendhaftesten, aufgeklärtesten und mächtigsten Völker, die jetzt auf Erden blühen, hatte sich lange unterschätzt und sich selbst Unrecht gethan. Er sollte sich freuen über seine Stärke und seinem Feinde den Fehdehandschuh hinwerfen. Er hoffte, der Krieg könnte vermieden werden, weil er glaubte, dass der wahnsinnige Fanatismus der freien Staaten nimmer das gemeine Ziel erreichen könnte, die Sklavenhalter durch rohe Ueberzahl zu beherrschen. Das würde nie geschehen. Wenn der Patriotismus es nicht verhinderte, so würde es die Liebe zu Baumwolle und Taback thun. Diese Betrachtungen würden stärker gefunden werden in der Brust der nördlichen Brüder als die Liebe zu den Negern. Alles was der Norden verlangt, ist benachrichtigt zu werden, wie weit der Süden ihm gestatten würde, zu gehen. Er wird so weit gehen, aber nicht weiter."

Hören wir nun Mr. Hammond über die Zoll-Tarife.

§. 134.

„Der Tarif von 1828 erhob einen durchschnittlichen Zoll von mehr als 40 pro Cent auf alle unsere Einfuhrartikel und der von 1857 hatte diesen durchschnittlichen Zoll bis unter 20 pro Cent herabgesetzt. So viel haben wir erreicht und ausserdem ist das Princip des Freihandels durch die ganze Union ziemlich allgemein zugestanden.

„Das innere Verbesserungs-System, die Bank der V. Staaten und der Abolitionismus selbst waren zuerst von einer grossen Zahl unserer bedeutendsten Männer des Südens sanctionirt worden. Aber der Süden hatte später seine Ansichten geändert. Ausser, dass er den Tarif durchschnittlich auf 20 pro Cent reducirte, hat er das innere Verbesserungs-System verkrüppeln lassen und gehemmt. Er hat an der Vernichtung der Vereinigten Staaten-Bank geholfen. Nur vier Mal seit der Organisation der Regierung hat der Norden Besitz davon gehabt, und in jedem Falle nur für eine kurze Zeit. Der Norden ist nie in irgend einer Politik lange einig gewesen. Die über den Süden verhängten Leiden sind ihm hauptsächlich auferlegt worden durch seine eigenen ehrgeizigen, parteisüchtigen und mit einander uneinigen Staatsmänner."

§. 135.
Wirkliche Ursachen der Rebellion.

Mr. Hammond macht darauf die Idee lächerlich, dass die Abolitionisten die Regierung in die Hände bekommen werden, um die Sklaverei vernichten zu können.

„Die Feinde dieses Instituts", sagt er, „waren Männer von eigenthümlichen und excentrischen Begriffen. Die Agitation wurde vermehrt durch die französische Revolution — durch das Verbot des afrikanischen Sklaven-Handels — durch die Aufregung des Missouri-Compromisses — durch die Emancipation der Sklaven in den Colonien Gross-Britanniens 1833—34. Washington hatte seine Sklaven emancipirt. Jefferson hatte alles gethan, was er konnte, um die Sklaverei zu vernichten. Grosse amerikanische Staatsmänner wie Clay, Marshall, Crawford waren dagegen. Dies hatte den Süden in eine schmachvolle Täuschung versenkt. Er wurde in den Irrthum versetzt, die Sklaverei wäre ein Uebel — ja sogar eine Sünde. Nur wenige kühne Geister nahmen den Gegenstand in Hand, erforschten ihn und haben zur Befriedigung fast jedes Bewohners des Südens dargethan, dass die Sklaverei ein gleicher Vortheil für den Herrn wie für den Sklaven ist, indem sie beide erhebt; sie ist Reichthum, Kraft und Macht. Sie ist eine der Hauptstützen moderner Civilisation und übt einen mächtigen Einfluss auf dieselbe. Der Süden ist bereit, sie auf jede Gefahr hin aufrecht zu erhalten!"

(Wir haben hier die Ursache des amerikanischen Krieges. Die Sklaverei, als die Stütze moderner Civilisation, sollte aufrecht erhalten werden — auf jede Gefahr. Die Freiheit der Republik — die Ehre der Nation — die Verfassung selbst — der Bürgerkrieg — verheerte und in Trümmern liegende Städte — mit Blut strömende Flüsse — 60,000 Gefangene, welche vor Hunger und Kälte umkamen, oder unter der sengenden Gluth der Sonne Georgien's verschmachteten — eine Million von Leichen — das Princip freier Arbeit zerstört — alle diese waren Staub in der Wage; ja, es sollte sogar, wie wir sogleich sehen, nicht die Union nur zerrissen, sondern die Welt ins

Verderben gestürzt werden — oder dies mächtige Institut, der Eckstein der südlichen Gesellschaft, sollte aufrecht erhalten, den nördlichen und westlichen Staaten auferlegt, ja sogar über die Erde ausgedehnt werden.)

Senator Hammond fährt fort:

„Unsere Väter in ihren Tagen waren in falschen Theorien über Religion, Philantropie und politische Oeconomie befangen. Der Felsen von Gibraltar steht nicht so fest wie unser Sklaven-System. Es hat den Stoss eines so wilden und schonungslosen Orkans, wie er nur jemals wüthete, ausgehalten und wie steht es jetzt?“

Er offenbart nun in offenherziger Naivetät die geheimen Triebfedern, welche den Süden veranlasst haben, sich über jene falschen Theorien von Religion, Philantropie und politische Oeconomie zu erheben, von denen Washington. Jefferson, Franklin, Adams und die andern Väter unserer Republik engherziger Weise befangen waren.

Er fährt fort:

„Wie steht es jetzt? Nun, gerade in diesem Viertel-Jahrhundert sind unsere Sklaven an Zahl um das doppelte gewachsen, und jeder Sklave hat einen mehr als doppelten Werth erlangt. Derselbe Neger, welcher als Arbeiter i. J. 1828 400 Doll. eingebracht hätte, würde jetzt, 30 Jahre später, für 800 Doll. verkauft werden. England hat die Sklaverei nicht aus blosser sentimentaler Regung abgeschafft. Seine Staatsmänner glaubten, dass das, was man Arbeit nennt (was nur Lohn-Sklaverei ist) besser gelingen würde in tropischen Klimaten als die Sklaven-Arbeit und dass also das Baumwollen- und Zucker-Monopol in die Hände Englands fallen würde. Aber dem unbesiegbaren Muthe und der Einsicht des Südens ist es gelungen, das Monopol von Baumwolle, Zukker, Reis und Taback in den Händen der Sklavenhalter zu bewahren. Diese Artikel können im Grossen nie anders, als durch Sklaven-Arbeit producirt werden. England und Frankreich haben daher beide den Sklaven-Handel erneuert, obgleich unter anderem Namen, nämlich des chinesischen und Hindu-Coolie-Handels. Frankreich kauft sogar Neger in Afrika. Wilberforce war ein Fanatiker. Sein Sohn billigt die Coolie-Sklaverei. Die Neger-Sklaverei wird von der Bibel, der Menschlichkeit und der gesunden Philosophie unterstützt.

„Das Schicksal der Sklaven-Staaten liegt in ihren eigenen Händen. Wenn die freien Staaten es unternehmen, eine Grenzlinie zwischen Sklaverei und Freiheit zu ziehen, so würden die südlichen Staaten dem widerstehen, wenn sie auch die Union zerstückeln und die Welt in's Verderben stürzen müssten. Es steht in ihrer Macht, beides zu thun; denn die Welt kann ohne sie keinen Fortgang haben; und, wenn grausamer Fanatismus und rohe Gewalt sich vereinigen, unter was für Namen und was für Autorität es auch sei, sie nieder zu reissen, so werden sie die Säulen des Tempels der Civilisation umstürzen und dem ganzen Menschengeschlechte ein gemeinsames Schicksal aufzwingen!"

(Wir halten einen Augenblick inne, um diese Offenbarungen der wirklichen Ursachen und des Geistes der amerikanischen Rebellion zu betrachten. Sie werden gegeben von einem Gouverneur des Staates S. Carolina, einem Mitgliede des Bundes-Senates, einem Graduirten des S. Carolina Collegs, einem Rechtsgelehrten und Herausgeber einer politischen Zeitschrift, einem Manne von grossem Vermögen, einem öffentlichen Redner und einem Schriftsteller von Bedeutung. Wir sehen also, es waren nicht Tarife, die Bank, oder irgend andere Beeinträchtigungen, welche die Flammen des Bürgerkrieges anfachten, sondern die Furcht, dass der Norden eine politische Grenze festsetzen würde zwischen Sklaverei und Freiheit — der Entschluss, die Union zu zerstückeln und selbst den Tempel christlicher Civilisation zu zerstören, wenn die nördlichen Staaten es wagten, ihrem Plan, die Neger-Sklaverei über die ganze Länge und Breite des Landes auszudehnen, zu widerstehen, um sich so, indem sie sich des Monopols auf Baumwolle und andere Colonial-Artikel bemächtigten, zu Herren nicht nur der Republik, sondern der ganzen Welt zu machen. Dies ist die neue Nation, welche Jefferson Davis, wie Mr. Gladstone lobpreisend von ihm sagt, gegründet habe. Und eben in dem Widerstande gegen diese höllischen Elemente und in dem Entschluss, unser Staatsschiff nicht in ein Piratenschiff umwandeln zu lassen, haben die nördlichen Staaten sich die wiederholte und gänzlich unwahre Erklärung Earl Russel's zugezogen, dass, obgleich die Sklaverei im Laufe des Krieges abgeschafft worden, sie dennoch dafür keinen Anspruch auf Dank hätten, weil sie nur um die Oberherrschaft stritten u. s. w. Das Gerede des Roebuk, Mr. Disraeli, Lord Derby, Lord Dalhousie, Mr. Laird und Anderer ist ebenso harmlos, als unwürdig. Aber Earl Russel repräsentirt England, und die Amerikaner sowohl als die Engländer haben ein Recht, sich über Verleumdungen von seinen Lippen zu beklagen.

§. 136.
Lage des Landes vor Mr. Lincoln's Wahl.

Hammond fährt fort:

„Die Sklavenhalter des Südens haben eine grosse Mission, nämlich die Sklaverei zu befestigen. Wir haben viel errungen bei einem getheilten Süden. Was können wir nicht jetzt erreichen, da der Süden fast vollständig einig ist? Wir haben einen Präsidenten (James H. Buchanan) und sein Cabinet — die Majorität in beiden Häusern des Congresses — das Obergericht der Vereinigten Staaten und eine Partei im Norden."

(Wir unterbrechen wiederum Mr. Hammond, um auf die Prahlerei des triumphirenden Sklavenhalters aufmerksam zu machen, dass der Präsident und sein Kabinet, beide Häuser des Congresses, das Obergericht der Vereinigten Staaten und eine Partei im Norden das Eigenthum und die Kreaturen der Sklavenmacht wären, und um zu fragen, ob der erfolgreiche Versuch des Präsidenten Lincoln und seiner Partei, das Land aus dieser Knechtschaft zu befreien, nichts weiter verdiene, als eine vorübergehende höhnische Bemerkung von dem edlen, freiheitliebenden, christlichen England?

Hammond ruft seine Landsleute auf, vorzugehen, um jede falsche Regierungs-Theorie und jedes sentimentale Project für Organisation der Arbeit zu stürzen. Er schliesst mit folgenden Worten:

„Lasst uns auch jeden Gedanken von Furcht, jede Regung von Verzagtheit verscheuchen, und indem wir unsere grosse Macht in dieser Conföderation und überall in der Welt völlig begreifen, und mit Mässigung, aber entschlossen behaupten, lasst uns unsere Kräfte entfalten und vereinigen, und uns männlich und hoffnungsvoll der Erfüllung der herrlichen Zukunft widmen, welche in unserm Bereich liegt."

§. 137.
Mr. Butler — Mr. Hudson.

Als die Rebellion ausbrach, legte der damalige Legations-Sekretair zu Berlin, Mr. Butler, ein Secessionist, aus Ehrgefühl sein Amt nieder, kehrte in seine Heimath zurück, und starb auf dem Schlachtfelde. Mr. Hudson bei denselben Gesinnungen, rühmt sich, sein Nachfolger geworden und in den diplomatischen Dienst der Regierung getreten zu sein, in der Absicht Alles, was in seiner Macht stände, zu thun, um sie zu verleumden und zu verrathen.

§. 138.

Mr. Hudson's Pamphlet*).

Mr. Hundson's Pamphlet würde daher keine Beachtung verdienen, wäre es nicht als Beispiel der Art und Weise, in der die Agenten der Rebellion bei Vertheidigung ihrer Sache auf die Unkenntniss des europäischen Publikums hinsichtlich der amerikanischen Angelegenheiten rechnen.

Mr. Hudson, Doctor beider Rechte, belehrt den Leser, dass die Verfassung von 1787 die volle Souveränetät der einzelnen Staaten mit Einschluss des Secession-Rechtes anerkennt; dass die Regierung der Vereinigten Staaten nicht eine nationale, sondern eine rein föderale sei; dass sie nicht durch das Volk geschaffen, sondern einfach durch die unabhängigen Staaten, die ebenso unabhängig von der Föderal-Regierung bleiben, wie der Machtgeber von dem Bevollmächtigten; dass die Souveränetät der einzelnen Staaten eine unbeschränkte sei, „unberührt durch Uebertragung der Ausübung einzelner Rechte an die Union.“

Um dies zu beweisen, führt Dr. Hudson folgende Stelle aus dem Federalist, No. XXXIX, an, welcher mit Recht „das politische Handbuch amerikanischer Staatsmänner, die beste Quelle für die Auslegung der Verfassung“ genannt wird.

„Die Zustimmung und Bestätigung der Gesammtverfassung, welche von den einzelnen Staaten einzuholen war, wurde nicht ertheilt als von Individuen, welche eine ganze Nation ausmachen, sondern als von

*) Der zweite Unabhängigkeits-Krieg in Amerika. Von E. M. Hudson, Doctor beider Rechte, Ehemaligem Legations-Secretair der Vereinigten Staaten in Berlin. 1862. Verlag von A. Charisius. Lüderitz'sche Buchhandlung.

Individuen, welche die verschiedenen und unabhängigen Staaten ausmachen, denen sie respective angehörten. Auf diese Weise wurde die Verfassung bestätigt, nicht also durch die Majorität des Volkes der Vereinigten Staaten, um die Minorität zu binden, sondern durch den freiwilligen Act eines jeden Staates, als eines souveränen Staatskörpers, unabhängig von allen übrigen."

„Dieses Zeugniss Madison's (fügt Dr. Hudson hinzu) allein genügt, um jeden Zweifel über den Charakter der Union zu beseitigen, und um das Princip der Einzelsouveränetät nachzuweisen."

Wäre dies der Fall, so hätte Dr. Hudson die Beweisgründe der Constitution selbst entnehmen können. Das würde aber eine zu schwierige Arbeit gewesen sein. In den Citaten aus dem Federalist setzt er sich der schweren Beschuldigung aus, durch eine falsche Anführung Mr. Madison's Darstellung zu verdrehen, und ihn eine Meinung aussprechen zu lassen, die er niemals ausgesprochen hat, und die im geraden Gegensatz steht zu derjenigen, welche er hegte.

Die von Dr. Hudson ausgezogene Stelle, welche verstümmelt, aus dem Zusammenhang gerissen, um die ersten und letzten sehr wichtigen Glieder des Satzes verkürzt, und wobei der darauf folgende Satz ausgelassen und etwas anderes an seine Stelle gesetz ist, befindet sich auf der 213. Seite des „Federalist", wo Mr. Madison, der die Verfassung (welche noch nicht angenommen war) gegen die Beschuldigung verwahrt, eine absolute Central- und National-Regierung zu sein, auseinandersetzt, dass sie es nicht gänzlich sei, sondern dass ihr nationaler Charakter durch gewisse Elemente einer föderalen Regierung modificirt werde.

Das Original lautet also:

„Nach Untersuchung der ersten Beziehung scheint es einerseits, dass die Verfassung zu gründen ist auf die Zustimmung und Ratification des Volkes von Amerika, gegeben durch zu dem **Special-Zweck gewählte Deputirte**; aber andererseits, dass (hier fängt Herrn Hudson's Anführung an) diese Zustimmung und Ratification zu geben ist durch das Volk, nicht als von Individuen, die eine ganze Nation bilden, sondern als solchen, welche die verschiedenen und unabhängigen Staaten ausmachen, zu welchen sie respective gehören (hier hört sie auf). Es soll die Zustimmung und Ratification der besonderen Staaten sein, hergeleitet von der höchsten Autorität in jedem Staate.... der Autorität des Volkes. Daher wird der Act der Einsetzung der Verfassung nicht ein nationaler, sondern ein föderaler Act sein."

Die beste Antwort auf solche Sophisterei wie die Mr. Hudson's ist die Constitution selbst. Wir führen aus ihr Art. I. Sec. 8. an:

„Der Congress hat das Recht, Taxen, Abgaben, Imposten und Accise aufzulegen und zu heben, Schulden zu bezahlen und für die gemeinsame Vertheidigung und Wohlfahrt der Vereinigten Staaten zu sorgen; aber alle Abgaben, Imposten und die Accise müssen in den gesammten Vereinigten Staaten gleichförmig sein.

Er kann ferner auf den Kredit der Vereinigten Staaten Geld borgen, den Handel mit auswärtigen Nationen und unter den verschiedenen Staaten, wie auch mit den indischen Völkerschaften, anordnen;

einförmige Regeln, nach welchen Fremde naturalisirt werden und einförmige Gesetze über Bankerotte in den Vereinigten Staaten vorschreiben;

Geldmünzen, den Werth derselben, so wie der ausländischen Münzen reguliren und Mass und Gewicht festsetzen;

diejenigen strafen, welche Banko-Noten und currente Münzen der Vereinigten Staaten nachmachen;

Postämter und Poststrassen anlegen;

das Aufblühen der Wissenschaften und nützlichen Künste dadurch befördern, dass er den Schriftstellern und Erfindern ausschliessende Privilegien für ihre Schriften und Erfindungen auf bestimmte Zeit verleiht;

Tribunale errichten, die unter dem Obergerichte stehen;

Seeräuberei und Felonie auf offener See und Vergehen gegen das Völkerrecht genau bestimmen und bestrafen;

Krieg erklären, Erlaubniss zu Repressalien ertheilen und über Kapereien zu Wasser und zu Lande verfügen;

Armeen errichten und unterhalten, aber das dazu erforderliche Geld kann nicht länger als auf zwei Jahre angewiesen werden;

eine Flotte anlegen und unterhalten;

über die Einführung einer Land- und Seemacht Gesetze vorschreiben;

die Miliz versammeln, die Gesetze der Union in Ausübung bringen, Insurrectionen unterdrücken und Angriffe zurückschlagen;

er sorgt für die Organisation, Bewaffnung und Disciplin der Miliz und für das Gouvernement eines solchen Theiles derselben, der im Dienste der Vereinigten Staaten gebraucht wird, doch überlässt er den Staaten die respective Ernennung ihrer Offiziere und das Recht, die Miliz nach der vom Congresse vorgeschriebenen Disciplin zu bilden.

Er übt ausschliessend die gesetzgebende Gewalt in allen Fällen über die Districte aus, die (nicht über zehn englische Quadratmeilen gross) von den besonderen Staaten abgetreten, von dem Congresse angenommen und also unter die Regierung der Vereinigten Staaten gekommen sind; so auch über alle Plätze, die mit Einwilligung der Legislatur des Staates, in dem sie liegen, angekauft sind, um Festungen, Magazine, Arsenale, Schiffsdoggen und andere nothwendige Gebäude darauf anzulegen.

Endlich gibt er auch alle Gesetze, die nöthig und dienlich sind, um die genannten Rechte und die, durch diese Constitution, der Regierung der Vereinigten Staaten, oder einem Departement, oder einem Beamten derselben verliehene Gewalt in Ausübung zu bringen."

Die Klauseln der Constitution, welche sich ganz besonders auf das Recht der Secession beziehen, sind folgende:

„Die Vereinigten Staaten sind zu allen vor Annahme dieser Constitution contrahirten Schulden und übernommenen Verpflichtungen unter dieser Constitution eben so verpflichtet, als unter der Conföderation.

Diese Constitution und die Gesetze der Vereinigten Staaten, welche ihr zu Folge gemacht werden und aller unter der Autorität der Vereinigten Staaten geschlossene oder noch zu schliessende Bündnisse, sind die höchsten Landesgesetze und die Richter in jedem Staate sind an sie gebunden, jeder Verfügung ungeachtet, die ihnen in der Constitution oder in den Gesetzen irgend eines der Staaten zuwider sein sollte.

Die oben genannten Senatoren und Repräsentanten, die Mitglieder der verschiedenen Legislaturen der Staaten und alle ausübende und richterliche Beamte sowohl der vereinigten als der einzelnen Staaten, sollen durch einen Eid, oder eine Bekräftigung, verpflichtet werden, diese Constitution aufrecht zu erhalten". (Art. VI. Sec. 1.)

„Verrätherei gegen die Vereinigten Staaten besteht allein darin, wenn Jemand Krieg gegen sie erhebt, oder sich mit ihren Feinden verbindet, oder ihnen Hülfe leistet. Es kann Niemand der Verrätherei überführt werden, wenn nicht zwei Zeugen der offenbaren That gegen ihn auftreten, oder er selber im offenen Gerichtshofe es eingesteht". (Art. III. Sec. 3.)

Wir haben oben die Souveränetätsrechte, welche das Volk

der Vereinigten Staaten in seiner Gesammtheit der Föderal-Regierung verliehen hat, gesehen. Welches sind denn nun die anderen den Staaten verliehenen Souveränetätsrechte, die Mr. Hudson unbeschränkt nennt?

Was den Rest von Mr. Hudson's Flugschrift betrifft, so geben wir einen Auszug, um zu zeigen, mit was für Nahrung der europäische Leser, der von solchen conföderirten Autoritäten sich über den Stand der Frage eine Meinung zu bilden suchte, abgefunden worden ist.

„In Gemässheit der vorangeschickten Betrachtungen darf man unserer Ansicht nach annehmen, dass der Süden, obgleich er viele Nachtheile aus Anlass eines so grossen Krieges erleiden muss, die Fähigkeit und Mittel besitzt, den Vertheidigungskrieg für eine lange unbestimmte Zeit zu führen.

Der Norden bedarf dagegen eines kurzen und entscheidenden Krieges, denn seine Finanzen, die schon wanken, müssen bald auseinander fallen.

Schon jetzt treten die Zeichen zukünftiger Störungen zwischen der demokratischen und der republikanischen Partei hervor, zwischen der eingeborenen und der eingewanderten Bevölkerung.

Es herrscht keine Einigkeit des Rathes und der Absicht in dem Cabinet des Präsidenten Lincoln, dessen Mitglieder in offenem Zwiespalt stehen mit Bezug auf die Mittel und den Zweck der Kriegsführung.

Der Socialismus hat sein Haupt schon in Neu-England und bei der vom Auslande eingewanderten Bevölkerung erhoben.

Der niederdrückende moralische Einfluss ununterbrochener Niederlagen und beständig anwachsender Verarmung bewirkt, dass die Zwietracht ihr zerstörendes Haupt erhebt, und die Parteien an einander hetzt, von denen eine der anderen die Ursachen der grossen Unglücksfälle zuschreibt. Dieser innerlich wüthende Hader verkündet bereits deutlich genug das Herannahen und den baldigen Ausbruch einer Revolution im Norden.

Das Klima der Südstaaten lässt längere kriegerische Operationen im Laufe eines Jahres nicht zu, weil während des hohen Sommers wegen übergrosser Hitze die Kriegsführung unmöglich ist, in dem nördlichen Theile aber auch den Winter hindurch bei abwechselnder Kälte und Nässe die Landstrassen unbrauchbar werden; anderntheils ist die Ausdehnung des verhältnissmässig gering bevölkerten südlichen Gebietes eine so grosse, dass schon dadurch der Norden gezwungen ist, den Krieg kurz und in schnellen Schlägen zu führen, um nicht zu unterliegen.

Daher erklärt es sich, dass die nördliche Regierung, da eine eigentliche begeisternde Idee für den Krieg, wie sie bei dem Süden vorhanden ist, dem Norden fehlt, *allerhand lügenhafte Vorwände verbreitet*, um das allgemeine Interesse für *den Krieg anzuregen, und nicht erkalten zu lassen*. Daher der Vorschlag des Kriegsministers, die

Sklaven zu bewaffnen, damit sie sich gegen ihre Herren schlagen, daher auch die dem nordischen Volk von Demagogen gemachte Vorstellung, dass ohne die Aufhebung der Sklaverei Nichts durch diesen Krieg erreicht werden könne. Ein recht aufrichtiges Geständniss, welches aber keine andere Bedeutung hat, als die Absicht, den Norden aufzuregen. Sollte die Aufhebung der Sklaverei seitens des Nordens wirklich beschlossen werden, so würde dies, abgesehen von der Unmöglichkeit der Ausführung, nur als ein Ausdruck der Rache angesehen werden können. Daher endlich die Täuschung der Bevölkerung es Nordens, welcher man vorgespiegelt hat, dass in jedem Südstaate, Süd-Carolina vielleicht ausgenommen, die Mehrzahl der Einwohner noch immer der Union zugethan und nur durch eine bewaffnete Minorität unterdrückt sei, und die Ankunft einer Unionsarmee willkommen heissen werde. Ohne solche Aufregungsmittel oder einen schleunigen Sieg wird das nordische Volk Herrn Lincoln bald zwingen, Frieden zu schliessen.

Der Süden ist sich dieser Thatsachen wohl bewusst, und hat bei einer langsamen Kriegsführung Nichts zu befürchten, da er weiss, dass dadurch sein Feind zu Grunde gerichtet wird.

Niemand wird jetzt noch die Behauptung wagen, dass die Ursachen der Abneigung des Nordens und des Südens durch diesen Krieg beseitigt werden können. Im Gegentheil, der Krieg hat alle Leidenschaften der Südländer hervorgerufen, und nicht nur das schon gering gewesene Vertrauen derselben in den Norden gänzlich vernichtet, sondern er hat an die Stelle dieser Abneigung der Südländer gegen die Yankees einen tödtlichen und unversöhnlichen Hass treten lassen.

Sollte der Süden aber mit Gewalt der Waffen der Union wieder einverleibt werden, so ist nicht zu erwarten, dass das Volk, welches gegen ihn einen so ruchlosen Krieg geführt hat, ihm die Ausübung seiner früheren verfassungsmässigen Rechte gestatten würde, oder dass denjenigen, welche jetzt als Hochverräther charakterisirt werden, erlaubt werden dürfte, im Congress zu sitzen und sich an den Geschäften des Landes zu betheiligen in Gemeinschaft mit denen, welche unverändert bei der Union verblieben sind. Dies voraussehend und weil der Süden nach seinen Siegen seine eigene Stärke kennen gelernt hat, ist er entschlossen, nöthigenfalls Widerstand zu leisten, bis jedes Thal von dem Rio Grande bis zum Potomac von Blut überfliesst, bis jede Bergspitze mit den Gebeinen südlicher Kämpfer bedeckt ist." (pag. 74—77.)

§. 139.

Mr. Williams' Flugschrift*).

Dies ist noch ein Versuch, die Sklaverei zu vertheidigen und zu beweisen, dass ein Staat oder eine Anzahl von Staa-

*) Die Rechtfertigung der Südstaaten Nordamerika's. Von Hon. James Williams, damaligem Gesandten der Vereinigten Staaten bei

ten das verfassungsmässige Recht und die physische Macht haben, die Union zu jeder beliebigen Zeit zu zerstückeln. Die Thatsache, dass die Flugschrift durch eine Vorrede von Mr. Hudson eingeführt wird, könnte uns von der Pflicht jeder ferneren Prüfung freisprechen, aber wir entnehmen nichtsdestoweniger der letzten Seite einige Sätze, um zu zeigen, bis zu welchem Grade die afrikanische Sklaverei die Augen ihrer Vertheidiger geblendet und ihr Urtheil verkehrt hat.

„Die freien Männer des Südens haben ihren grossen Kampf mit einer Einigkeit der Gefühle und Zwecke begonnen, welche Schrecken in die Herzen ihrer Feinde gebracht und selbst ihre Freunde mit Staunen erfüllt haben; aber ihr ruhmwürdiges Werk ist noch nicht vollendet. Die Wetterwolken stehen über unseren Häuptern, meine Landsleute, und der Sturm wüthet noch um uns her, und manches Herz wird noch theure Verluste zu betrauern haben, und manche Thräne bitteren Schmerzes wird noch fliessen, wenn das Auge die verwüstenden Spuren des verruchten Eindringlings sieht; aber hinter den Wolken sieht das Auge der Hoffnung die Morgenröthe des hellen, glorreichen Sonnenlichtes, und über dem Heulen des Kriegssturmes hören wir den frohen Siegesruf! Und unsere Krieger werden heimkehren in die beglückte Heimath, die durch ihre Abwesenheit einsam war, und die Thränen des Kummers werden sich in Freudenzeichen verwandeln, und über alle unsere Grenzen wird das Freudengeschrei des Volkes dringen:

Wir haben gekämpft, wir haben gesiegt, wir sind frei." (p. 336.)

Diese Rhapsodie wurde zu einer Zeit niedergeschrieben, als die südlichen Führer glaubten, der Sieg würde ihren entsetzlichen Versuch krönen, aber, wie gesagt, „ihr ruhmwürdiges Werk war noch nicht vollendet." Die Männer des Nordens sowohl als die des Südens standen bereit, für ihre Sache zu sterben. Ja, manche Thräne bittern Schmerzes ist geflossen. Kaum eine Familie des Nordens, welche nicht den Verlust eines Gatten, Vaters, Sohnes oder Verwandten zu beklagen hat. Aber hinter den Wolken sieht das Auge des Hon. Mr. Williams die Morgenröthe des hellen, glorreichen Sonnenlichtes. Und was

---

der Pforte. Mit einem Vorworte von E. M. Hudson, Doctor beider Rechte, ehemaligem Legations-Sekretär der Vereinigten Staaten in Berlin Berlin. C. G. Lüderitz'sche Verlagshandlung. A. Charisius 1863.

ist diese Morgenröthe des hellen, glorreichen Sonnenlichtes? Es ist die Wiedereinführung der Neger-Sklaverei und die Wiedereröffnung des afrikanischen Sklaven-Handels. Es ist der von Menschen und Gott verfluchte Sklaven-Pirat, der mit schwellenden Segeln in alle amerikanischen Häfen einläuft und unter dem Zujauchzen des Mr. Williams und seiner ritterlichen Freunde seine Ladung menschlicher Lastthiere landet. Es ist, unter Gebeten, Lob- und Danksagungen, die Wiederaufrichtung des blutbefleckten Peitschen-Pfahles mitten unter dem Gekreisch irgend eines hülflosen, nackten Weibes, auf dessen bebenden Rücken der brutale Aufseher die blutige Peitsche fallen lässt. In seiner prophetischen Vision erhebt sich der schöne Auctions-Stand, wo seine Mitgeschöpfe wie Vieh verkauft werden, das Weib von ihrem Gatten, die Kinder von ihren Eltern, die liebliche Jungfrau — „nun, meine Herren, was bieten Sie"? Er hört des Bluthundes weitschallendes Bellen, indem er zur Verfolgung eines verzweifelten Fliehenden lustig durch den Wald jagt; und dann, im Glanze der goldenen Strahlen seines glorreichen Sonnenlichtes sieht er als den wohlverdienten Lohn für all den Verrath, Meineid, Grausamkeit und Blutvergiessen — (p. 335) das himmlische Baumwollen-Monopol „unsere gewöhnlichen Ernten von Baumwolle, Taback und Reiss bereit für jeden Käufer"!! Er hört über die südlichen Pflanzungen hin, gleich dem Klang einer Orgel durch die gewölbten Höhen einer Cathedrale, den frohen Siegesruf und das Freudengeschrei des Volkes.

Aber was er nicht sah und was er nicht hörte, war, dass dieser mächtige Ruf: „wir haben gekämpft, — wir haben gesiegt, — wir sind frei!" nicht von den Lippen der Sklavenmacht kommt, (welche nun zum letzten Mal ihr triumphirendes Schwert erhoben hat), sondern von den armen Negern, deren Ketten zerbrochen worden sind, und von den Männern des Nordens und Westens, welche unter Gottes Beistand ihr Land von einer schwarzen Sünde befreit haben.

§. 140.
A. H. Stephens von Georgia, Vice-Präsident der Rebellen.

Es giebt viele Beweise von der Gegenwart Gottes in diesem grossen Welt-Ereigniss — der amerikanischen Rebellion. Sie zeigt sich in dem Gericht, das er über die ganze Nation verhängt hat. Sie zeigt sich hauptsächlich in der Art, in welche er dem Norden den Sieg verliehen hat. Die Sklaverei ist nicht von Präsident Lincoln, Charles Sumner, Gov. Andrew oder William Loyd Garrison abgeschafft worden, sondern von Jefferson Davis. Das ist der Mann, der diesen unermesslichen Segen für unser Land bewirkt hat. Das ist das triefende Schwert, welches die Eisen-Ketten zersprengt hat. Wenn wir sehen, wie Gott die Kräfte des Bösen gebraucht, um Gutes zu wirken, so können wir in gewissem Grade verstehen, wie er den Bösen selbst gebraucht, um den Plan der Schöpfung zu vollenden.

Aus vielen Gründen waren die Sympathien Europa's gegen den Norden; aber durch ihre Reden, ihre Schriften und ihre unsägliche Grausamkeit gegen die Gefangenen haben die südlichen Führer mehr gethan, die wahre Natur der Sklaverei und den wirklich höllischen und Gott herausfordernden Charakter der Rebellion zu offenbaren, als alle nördlichen Schriftsteller und Redner jemals hätten thun können. Gleichwohl könnte man doch der Ansicht sein, dass eine so gewaltige Empörung nicht ganz ohne Ursache angestiftet und fortgeführt werden konnte. Gott hat, in seiner wunderbaren Weise, der gegenwärtigen Welt und dem zukünftigen Geschichtsschreiber dieselbe Art eines Zeugnisses von der Unschuld des Nordens in dieser Hinsicht dargeboten, wie dasjenige war, welches der Menschheit von der Unschuld unseres Heilandes selbst gegeben wurde. Pilatus erklärte drei Mal öffentlich: „Ich finde keine Schuld an ihm.“

Gott hat die conföderirte Regierung selbst eine ähnliche Erklärung geben lassen. Ihr Vice-Präsident, ein höchst einsichtsvoller und aufgeklärter Staatsmann, hat selbst öffentlich und feierlich den Gegenstand untersucht und das Urtheil gesprochen.

Europa ist überredet worden, dass die Regierung der Vereinigten Staaten und diejenigen, welche sie unterstützten, an der Rebellion schuld seien. Es hat demzufolge viele harte Urtheile über dieselbe ausgesprochen, und die schimpflichsten Verleumdungen — die gröbsten Lügen mit Begierde und Beifall sehr oft aufgenommen. Möge es jetzt mit Aufmerksamkeit die denkwürdigen Aussprüche des Vice-Präsidenten Stephens lesen, wie er mit feierlichem Ernst und fast prophetischer Kraft seine Collegen vor der wahnsinnigen Thorheit — der gewissenlossen Ungerechtigkeit des Verbrechens gewarnt hat, welches sie zu verüben im Begriff standen. Er hätte indessen eben so gut zu den rasenden Bewohnern eines Irrenhauses sprechen können; und als er fand, dass, recht oder unrecht, der verrätherische Plan ausgeführt werden sollte, wurde sein eigenes Hirn von dem ansteckenden Wahn entflammt. Als zweiter Führer in der Rebellion ist er seitdem immer Vice-Präsident der sogenannten conföderirten Regierung geblieben.

Wir geben Auszüge aus zwei Reden, von denen die eine am 14. November 1860 als Erwiederung auf H. Tombs, eines berühmten Renommisten, gehalten wurde, welcher eine Anzahl eingebildeter Klagepunkte der Südstaatlichen vorgebracht hatte. Er bespricht die Punkte des H. Tombs, einen nach dem andern.

Einer betraf gewisse Fischfangs-Prämien, die hauptsächlich den Matrosen von New-England zufielen.

Ein anderer die Schifffahrt-Gesetze.

Ein dritter den Tarif.

H. Stephens zeigt von den beiden ersten, dass sie lächerlich sind, wenn man sie als Ursachen zur Empörung oder als ernstliche Gründe zur Klage überhaupt betrachtet. Beide wurden von südlichen Präsidenten adoptirt, und konnten nöthigenfalls leicht beseitigt werden.

§. 141.
Vice-Präsident Stephens über den Tarif.

Ueber den Tarif spricht er wie folgt:

„Nun, lasst uns den Tarif einen Augenblick betrachten. Um die Zeit, als ich die öffentliche Angelegenheiten zu beachten anfing, bewegte diese Frage das Land fast so furchtbar, wie die Sklaven-Frage jetzt. Im Jahre 1832, als ich im Colleg war, stand Carolina bereit, aus der Union auszuscheiden. Und was haben wir gesehen? Der Tarif erregt in den öffentlichen Meinungen keine Spaltungen mehr. Die Vernunft hat triumphirt! Für den gegenwärtigen Tarif stimmten Massachusetts und Süd-Carolina. Der Löwe und das Lamm ruheten neben einander. — Jeder Senator und jedes Mitglied des Repräsentanten-Hauses aus Massachusetts und Süd-Carolina etc., glaube ich, stimmte dafür, so wie mein ehrenwerther Freund (Mr. Tombs) selbst. Und wenn es wahr ist, dass, um das von meinem ehrenwerthen Freunde gebrauchte Bild zu wiederholen, der Arm eines jeden Mannes im Norden, der in Eisen, Messing und Holz arbeitet, durch den Schutz der Regierung gestärkt wird, so wurde jener Schutz durch sein Votum und, wie ich glaube, durch das jedes südlichen Mannes gegeben. So sollten wir darüber nicht klagen.“

§. 142.
Ist irgend eine gerechte Ursache zur Rebellion vorhanden gewesen.

Die zweite Rede wurde in der Convention des Staates Georgia im Jahre 1861 gehalten, um die Frage zu entscheiden, ob dieser Staat sich der Secession Süd-Carolina's anschliessen solle, oder nicht.

„Dieser Schritt (die Secession) einmal gethan, kann nie widerrufen werden; und alle schädlichen und zerstörenden Consequezen, die ihm folgen müssen, werden für alle Zeiten auf der Convention ruhen. Wenn wir und unsere Nachkommen unsern lieblichen Süden von dem Dämon des Krieges werden verwüstet sehen, den diese, ihre That unvermeidlich hervorrufen wird; wenn unsere grünen Felder voll wogender Saaten werden zertreten werden von mörderischen Schaaren und freurigen Kriegswagen, die über unser Land dahinziehen; unsere Tempel der Gerechtigkeit in Asche gelegt; Verwüstung und alle Schrecken des Krieges auf uns; wer anders als diese Convention wird verantwortlich dafür gehalten werden? und wer ausser demjenigen, welcher seine Stimme zu dieser unweisen und übel angebrachten Massregel gegeben hat, wie ich ehrlich denke und glaube, wird für diesen Act des Selbstmords von der gegenwärtigen Generation zu strenger Rechenschaft gezogen und für alle kommenden Zeiten von der Nachwelt wahrscheinlich verflucht und verabscheut werden für die grosse Verwüstung und trostlose Verödung, welche der That, die Sie jetzt zu begehen vorhaben, unvermeidlich folgen wird. Halten Sie inne, ich bitte Sie, und bedenken Sie einen Augenblick, was für Gründe Sie anführen könnten, die selbst Ihnen in ruhigeren Augenblicken genügen — was für Gründe Sie Ihren Mit-Leidenden in der Noth, die sie über uns bringen wird, angeben könnten. Was für Gründe könnten Sie den Nationen der Erde vorlegen, um sich zu rechtfertigen? (§§. 26, 31, 36). Sie werden die ruhigen und bedachtsamen Richter in der Sache sein; und welche Ursache oder welchen einzigen offenbaren Act könnten Sie nennen oder nachweisen, der als Grundlage zu Ihrer Rechtfertigung dienen möchte? Was für ein Recht hat der Norden angegriffen? Welches Interesse des Südens ist beeinträchtigt? Welche Gerechtigkeit ist verweigert? und welcher auf Recht und Gerechtigkeit beruhender Anspruch ist vorenthalten? Kann einer von Ihnen heute einen ungerechten Regierungsact nennen, der mit Bedacht und Vorsatz von der Regierung zu Washington erlassen worden wäre, worüber zu klagen der Süden ein Recht hat? Ich fordere zur Antwort auf. Lassen Sie mich dagegen andererseits die Thatsachen zeigen (und glauben Sie mir, meine Herren, ich bin hier nicht der Advocat des Nordens; sondern ich bin hier der Freund, der beständige Freund und Liebhaber des Südens und seiner Institutionen, und aus diesem Grunde spreche ich so klar und treu für Ihre, mein und jedes anderen Menschen Interesse die Worte der Wahrheit und Nüchternheit), über die ich wünsche, dass Sie urtheilen mögen, und ich will nur Thatsachen anführen, welche klar und unleugbar sind, und welche jetzt als authentische Urkunden in der Geschichte unseres Landes dastehen. Als wir, Südländer, den Sklaven-Handel, oder die Importation von Afrikanern zur Bebauung unserer Länder forderten, gab man uns nicht das Recht auf zwanzig Jahre? Als wir eine drei-fünftel Vertretung im Congress für unsere Sklaven verlangten, ward sie nicht gewährt? Als wir um die Zurückgabe irgend Jemandes, der sich der Gerechtigkeit entzogen, baten, oder die Auslieferung derjenigen Personen verlangten, welche Arbeit oder Dienstpflicht schuldeten, wurde es nicht der Constitution einverleibt und wiederum bestätigt und bekräftigt durch das Gesetz über die Auslieferung flüchtiger Sklaven von 1850? Aber Sie erwiedern, dass in vielen Fällen man diesen Vertrag verletzt hat und seinen Verpflichtungen nicht nachgekommen ist. Als Individuen und Local-Gemeinden mögen sie es gethan haben; aber nicht der Sanction der Regierung gemäss, denn sie ist den Interessen des Südens immer treu gewesen. Wiederum, meine Herren, blicken Sie auf eine andere Thatsache! Als wir forderten, dass mehr Gebiet hinzugefügt werden möchte, damit wir das Institut der Sklaverei ausbreiten könnten, hat man nicht unseren Forderungen dadurch entsprochen, dass man uns Louisiana, Florida und Texas gab, woraus vier Staaten gebildet worden sind, und ein weites Gebiet, um seiner Zeit noch vier andere hinzuzufügen, wofern Sie durch diesen unweisen und unpolitischen Act nicht diese Hoffnung zerstören, und vielleicht dadurch Alles verlieren, und Ihnen durch strenge militärische Herrschaft der letzte Sklave entrissen wird, wie es in Süd-Amerika und Mexico geschah; oder durch ein rachsüchtiges Decret einer allgemeinen Emancipation, welches, wie man Grund zu erwarten hat, folgen dürfte. Aber, wiederum, meine Herren, was können wir gewinnen durch diese vorgeschlagene Veränderung unserer Beziehungen zum General-Gouvernement? Wir haben immer die Controle desselben gehabt, und können es noch, wenn wir darin bleiben und so einig sind, wie wir es bisher waren. Wir haben eine vom Süden gewählte Majorität der Präsidenten, so wie die Controle und Leitung der meisten vom Norden gewählten. Wir haben sechzig Jahre südliche Präsidenten gehabt gegen seine vier und zwanzig, und haben so das Executiv-Departement beherrscht. So haben wir von den Richtern des Obergerichts achtzehn vom Süden und nur elf vom Norden gehabt; obgleich beinahe vier Fünftel der richterlichen Thätigkeit in den freien Staaten entstanden sind, so ist doch die Majorität des Gerichtshofes immer vom Süden gewesen. Dies haben wir verlangt, um uns gegen jede uns ungünstige Auslegung der Verfassung zu schützen. Gleicherweise sind wir eben so wachsam gewesen, unsere Interessen in dem legislativen Zweige der Regierung zu wahren. Von den Präsidenten (pro temp.), welche im Senate den Vorsitz führen, haben wir vierundzwanzig gegen seine elf gehabt. Sprecher des Hauses haben wir dreiundzwanzig gehabt und er zwölf. Während die Majorität der Repräsentanten immer vom Norden wegen seiner grösseren Bevölkerung gewesen ist, haben wir so doch im Allgemeinen uns den Sprecher gesichert, weil er in grösserem Umfange die Gesetzgebung des Landes gestattet und controlirt. Auch haben wir nicht weniger Macht in jedem anderen Departement der allgemeinen Regierung gehabt. General-Anwalte haben wir vierzehn, während der Norden nur fünf gehabt hat. Auswärtige Minister haben wir sechsundachtzig und er nur vierundfunfzig gehabt. Während drei Viertel der Geschäfte, welche diplomatische Agenten im Auslande nöthig machen, den freien Staaten wegen ihrer grösseren Handels-Interessen angehören, so haben wir doch die Haupt-Gesandtschaften gehabt, so dass wir uns die Welt-Märkte für unsere Baumwolle, Taback und Zucker unter den bestmöglichen Bedingungen sicherten. Wir haben eine grosse Majorität der höheren Offiziere sowohl des Heeres als der Flotte gehabt, während ein grösseres Verhältniss der Soldaten und Matrosen aus dem Norden gezogen wurde. Ebenso zeigen die Listen während der letzen funfzig Jahre, dass wir an Secretären, Auditeuren und Oberaufsehern von drei Tausend in dieser Weise Angestellten mehr als zwei Drittel derselben gehabt haben, während wir nur ein Drittel der weissen Bevölkerung der Republik haben. Wiederum, blicken Sie auf einen anderen Punkt, und zwar einen, in welchem wir sicherlich ein grosses Lebens-Interesse haben; es ist der der Einkünfte oder Mittel, die Regierung zu unterstützen. Aus officiellen Documenten erfahren wir, dass ein Bruchtheil über drei Viertel der Einkünfte gesammelt zur Unterstützung der Regierung regelmässig vom Norden aufgebracht worden ist. Halten Sie nun inne, meine Herren, da Sie es noch können, und betrachten Sie sorgfältig und offen diese wichtigen Punkte. Sehen wir für jetzt ab von den zahllosen Millionen von Dollars, die Sie auf einen Krieg mit dem Norden verwenden müssen; mit Zehntausenden Ihrer im Felde erschlagenen Söhne und Brüder, dargeboten als Opfer auf dem Altar Ihres Ehrgeizes — und wofür? fragen wir wieder. Ist es für den Umsturz der amerikanischen Regierung, durch unsere gemeinsamen Vorfahren begründet, durch ihren Schweiss und ihr Blut zusammengefügt und aufgebaut, und auf der breiten Grundlage des Rechts, der Gerechtigkeit und der Menschlichkeit beruhend? Und, als solche, muss ich hier erklären, wie ich oft vorher gethan, und was von den grössten und weisesten Staatsmännern und Patrioten in diesen und anderen Ländern oft wiederholt worden ist, dass sie die beste und freieste Regierung — die unparteiischste in ihren Rechten, die gerechteste in ihren Entscheidungen, die mildeste in ihren Massregeln, und in ihren Principien zur Erhebung des Menschengeschlechts die am höchsten sich aufschwingende ist, die jemals von der Sonne des Himmels beschienen wurde. Nun, was Sie betrifft, das Unternehmen, eine solche Regierung, wie diese, zu stürzen, unter welcher wir schon länger als drei Viertel eines Jahrhunderts leben — in welcher wir unsern Reichthum, unser Bestehen als Nation, unsere häusliche Sicherheit erlangt haben, in Frieden und Ruhe, im Genuss unbeschränkter Glückseligkeit und unangetasteter Rechten, während die Elemente der Gefahr uns umgeben, — ist der höchste Grad von Wahnsinn, Thorheit und Gottlosigkeit, wozu ich weder meine Sanction verleihen, noch meine Stimme geben kann.

§. 143.
Präsident Lincoln's Ermordung.

Als wir den Schluss dieser Skizze schrieben, brachte der Telegraph die Nachricht von der Ermordung des Präsidenten Lincoln. Das gütige, weise, ruhige, fromme, siegreiche Oberhaupt war in Gegenwart seiner Frau getödtet worden. Der Vice-Präsident, unser ausgezeichneter Secretär der auswärtigen Angelegenheiten, Mr. Seward, die übrigen Mitglieder des Cabinets, General Grant und andere hervorragende Männer sollten derselben blutigen Proscription unterliegen.

Seit dreissig Jahren war die Sklavenmacht bemüht, unser Land zu Grunde zu richten. Sie ging bei dem Versuche unter. Bevor sie aber dahin sank, hat das Ungeheuer noch ein Mal das Haupt erhoben, und sich in seiner natürlichen und höllischen Grässlichkeit gezeigt. Es ist in Booth und seinen Genossen personificirt.

Unter Sklavenmacht verstehen wir nicht den Süden — nicht die ganze Sklaven-Aristocratie oder Partei — nicht alle Anführer, Civil- und Militär-Beamten der Rebellion. Hunderte — Tausende unter ihnen sind viel zu edel, um wissentlich Mitschuldige an einem solchen Verbrechen zu sein.

Unter Sklavenmacht verstehen wir eine gewisse Klasse Politiker, die von Anfang an die Sklaverei als ein Mittel ihrer eigenen Bereicherung sich zu Nutze gemacht haben; — und heutiges Tages die Rotte von Demagogen, welche die Rebellion für die selbstsüchtigsten und gemeinsten Zwecke organisirten.

Es sind dessen ungeachtet Beweise vorhanden, dass viele der conföderirten Rädelsführer in Richmond und anderwärts lange mit dem Plane umgegangen sind, die ganze Föderal-Regierung gefangen zu nehmen oder zu ermorden. Was Davis und Lee auf dem Schlachtfelde nicht vollbringen konnten, sollte ein grosser coup d'état mit Hülfe des Meuchelmordes in Washington bewerkstelligen.

Wenn aber selbst keine directen Beweise einer Verbindung zwischen der Sklavenmacht und den Mördern vorhanden wären, so würde jene dennoch nicht freigesprochen werden können. Seit Jahren hat sie systematisch versucht, das Volk zu demoralisiren und seine Brust mit teuflischen Leidenschaften zu entflammen. Sie hat diesen schrecklichen Krieg über ein friedliches und glückliches Land gebracht. Sie ist für die Folgen, selbst wo sie dieselben nicht vorausgesehen hat, verantwortlich. Sie mag ihre Hände, wie Pilatus, in einem Wasserbecken waschen — dass aber reinigt sie nicht von Mr. Lincoln's Blut. Sie mag die dreissig Silberlinge, wie Judas, hinwerfen — es ist zu spät. Durch eine Reihe von Handlungen, von denen wir einige in dieser Brochüre schnell und sehr unvollkommen skizzirt haben, ist die Sklavenmacht Schritt für Schritt in schamloser Arroganz, in immer mehr zunehmender Sünde vorwärts gegangen, bis Gott sie mit Wahnsinn und

Schmach geschlagen, und ihren Stolz durch die Handschrift an der Wand gedemüthigt hat.

Präsident Lincoln hat seine Mission erfüllt. Er hat die Revolution, welche Washington nur halb vollendete, zum Schluss gebracht. Er wird einen Platz über alle Männer seines Landes und Jahrhunderts einnehmen, weil er für die höchsten Interessen der Menschheit gearbeitet und durch erhabene, reine, christliche Mittel in einer unglaublich kurzen Zeit einen in der ganzen Weltgeschichte beispiellosen Erfolg erreicht hat.

Sein Charakter hat viele Aehnlichkeit mit Washington's. Wir können nicht umhin zu glauben, dass Gott beide für zwei ähnliche Entscheidungspunkte erhöht hat. Beide waren durch den Mangel gewisser glänzender Eigenschaften, welche die leicht geblendete Welt viel zu sehr liebt, bezeichnet; beide aber hatten, wenn nur mässige, jedoch weit werthvollere Eigenschaften. Beide zeigten ruhige Weisheit, vollkommene Gewissenhaftigkeit im Entwerfen ihrer Pläne, und eiserne Beharrlichkeit in der Ausführung. Beide strebten einzig und allein für ihr Vaterland, die Menschheit und das Recht. Beide verbanden Demuth, welche zu entscheiden zögerte, mit einem festen Entschlusse, welcher nach einer einmal ergriffenen, richtigen Massregel nie erschüttert werden konnte. Keiner konnte geblendet — erkauft — erschreckt werden. Beide waren ohne Habsucht, ohne Ehrgeiz. Beide waren über Hass, Neid, Rache und andere kleinliche Gefühle erhaben. Beide waren frei von unwürdigen Leidenschaften und unbefleckt von privaten oder öffentlichen Lastern. Beide waren durch gesunden Menschenverstand ausgezeichnet. Beide waren daher von der „schädlichen Pestilenz“ des Materialismus und Atheismus, welche ihren Weg langsam in das Herz der civilisirten Welt frisst — die Presse, die Universität, selbst die Kanzel schon vergiftet hat, und die Grundlagen der Gesellschaft im Stillen untergräbt, unangesteckt. Beide waren Christen. Beide fühlten sich im Angesicht ihrer Mission schwach; aber beide erflehten und empfingen Kraft von oben und den Segen Dessen, der allein Nationen oder Individuen dauernd segnen kann.

Eine der bemerkenswerthesten Eigenschaften des Präsidenten Lincoln war Milde. Seine Absicht war, die Rebellion zu erdrücken, die Sklaverei abzuschaffen, die Negerrace zu erheben, die empörten Staaten durch Liebe und Grossmuth zurück zu bringen, eine allgemeine Versöhnung zu bewerkstelligen, Licht in die Finsterniss zu giessen — den Regenbogen über den zürückziehenden Sturm zu werfen — und alles dieses, wo möglich, ohne einen Tropfen Blut ausser dem, welches auf dem Schlachtfelde unvermeidlich vergossen wird.

Wer kann diesen Mann betrachten, wie David von seiner Heerde berufen, um über eine grosse Nation zu regieren — mit solcher ungeheuren Macht bekleidet, die er nicht ein einziges Mal missbraucht, — der mit Ruhe und Weisheit die Bewegungen der gewaltigen Massen der Land- und See-Truppen leitete — Generäle, Commodore, Admiräle anstellte und absetzte — die Unfähigen und Unwürdigen entfernte — die grossen und tauglichen Geister ausfindig machte und verwandte — die Niedrigsten erhob — die Stolzesten und Höchsten demüthigte — und das Ganze zu dem wunderbaren Siege, der die Augen der Welt geblendet und das Herz der Welt tief bewegt hat, führte — wer kann diesen Mann betrachten und glauben, dass er dies Alles durch eigene Kraft vollbracht hat.

ANHANG A.

§. 144.

Freie Personen, selbst Weisse, sind unter diesem Gesetze (§. 118) arretirt und nach dem Süden transportirt worden. Es ist Grund zu glauben, dass sie nicht immer der Freiheit zurückgegeben wurden. Die Thür war augenfällig den ungeheuersten Missbräuchen geöffnet.

Um den wiedernatürlichen Charakter des Fugitive-Slave-Law zu begreifen, braucht der Leser es nur mit irgend einem Vertrage über Auslieferung von Verbrechern zu vergleichen. Die Arroganz der Sklavenmacht zeigt sich darin, dass, während sie die unconstitutionellste Staats-Souveränetät für sich beansprucht, — sie die Rechte, welche die Constitution den Einzelstaaten in der Wirklichkeit bewilligt hatte, auf diese Weise mit Füssen tritt.

Ein Gesetz in Süd-Carolina schrieb die Arretirung und den Verkauf eines jeden freien Negers (aus welchem Staate oder von welcher Nation er auch immer sein mochte), der sich innerhalb seiner Grenzen wagte, als Sklaven vor.

De Bow's Review, der Literary Messenger und andere Blätter des Südens redeten öffentlich der Versetzung des armen Weissen in den Zustand der Sklaverei das Wort. Nach ihrer Meinung würde England nicht eher eine feste Regierung haben, bis es die weissen Arbeiter seiner Bevölkerung in die Lage der Negersklaverei gebracht hätte.

ANHANG B.

§. 145.

Das „Journal des Débats“ vom 11. Juni c. macht in Betreff des Verfahrens einer mächtigen Partei in England folgende Bemerkung.

Es ist wahr, die englische Presse und die Reden im Britischen Parlament stehen in seltsamen Widerspruche mit der erhabenen Beredsamkeit des Grafen Gasparin, M. Laboulaye, M. de Montalembert und anderer Vertheidiger der Wahrheit. Amerika wird indessen Cobden's, Bright's, Rev. Neumann Hall's, Prof. Godwin Smith's männliche Reden, Journale wie London Star, Daily News u. s. w. und viele rechtlich denkende Individuen aller Classen, nie vergessen. Die Arbeiter von Manchester und anderer Städte zeigen auch, dass die edle englische Nation den Begriff des Unterschiedes zwischen Recht und Unrecht gar nicht verloren hat: —

„On a souvent remarqué, pendant la guerre civile qui vient de s'achever aux Etats-Unis, l'inconséquence de cette partie religieuse du public anglais qui, ayant eu de tout temps à cœur l'abolition de l'esclavage, n'en a pas moins embrassé avec ardeur la cause du Sud, bien que le Sud eût ouvertement désigné l'esclavage comme la cause principale de son insurrection et comme la pierre angulaire de sa constitution future. Cette inconséquence flagrante des chrétiens anglais pouvait du moins être expliquée, sinon excusée, par l'instinct national qui portait alors l'Angleterre à souhaiter le démembrement de la grande république américaine- Mais quelle excuse les catholiques français pouvaient-ils alléguer de leurs sympathies pour le Sud qui tendait à la fois à détruire l'œuvre éminemment française de la fondation des Etats-Unis et à perpétuer l'esclavage? Nulle autre excuse que cette passion faussement religieuse et aveuglément conservatrice, que ce dégoût de la liberté et de la démocratie sous toutes les formes, que ce ressentiment exagéré de nos propres malheurs qui ont rendu une partie de la société française instinctivement défiante et malveillante à l'égard de tous les Etats libres.

Mais cette passion n'est point générale parmi les catholiques français, et, de même que les plus illustres d'entre eux tiennent bon pour la cause des libertés publiques, ils ont maintenu au dehors, sur cette question américaine, les traditions libérales qui conviennent à l'esprit généreux de la France aussi bien qu'aux enseignemens les plus formels et les plus saints du christianisme. Le *Journal des Débats*, qui a cité et loué la lettre écrite par M. Dupanloup à M. A. Cochin au sujet du dernier discours de M. Lincoln, retrouve avec plaisir les mêmes idées exprimées avec éloquence dans une brochure que M. de Montalembert vient de publier sous ce titre: *La victoire du Nord aux Etats-Unis.* On a rarement montré avec plus de force et de clarté la véritable cause de cette guerre civile et les mâles vertus qu'elle a mises au jour. M. de Montalembert n'a surtout rien négligé pour nous rendre sensible et profitable le grand exemple que nous a donné l'Amérique, en conservant intact, au milieu de cette guerre civile, le dépôt des libertés publiques, en cherchant toute sa force dans l'application énergique des lois, en évitant la dictature à l'égal de la dissolution et de la mort. Enfin il faut remercier l'auteur de cette brochure d'avoir remis sous les yeux du public, en le joignant à son travail, le mandement dans lequel l'évèque d'Orléans recommandait, dès l'année 1862, la grande cause de l'abolition de l'esclavage à la sollicitude des fidèles et aux prières de son clergé. Ces pages font grand honneur à l'esprit libéral et vraiment chrétien du pasteur qui les a signées, et nos lecteurs y verront un digne appendice à l'émouvant écrit que nous venons de recommander à leur sympathie."

ANHANG C.

§. 146.

Unter den Tributen der Achtung und Sympathie, welche der Tod des Präsidenten Lincoln in allen Klassen der Gesellschaft — vom Throne bis zur niedrigsten Hütte — hervorgerufen hat, wählen wir folgendes schöne Gedicht aus der Spenerschen Zeitung.

Lincoln.

Auf *Lincoln* senkt, den grossen Todten,
Der *Union* Pannier herab,
Die sich das Aetherlicht der Sterne
Und ihrer Bahnen ew'ge Norm
Zum Sinnbild eines Staats erwählte,
In dem der Menschen Würde strahlt.
Lincoln's grosses Angedenken
Lebt, so lang das Licht der Sterne
Auf die Menschen niederscheint.
Und wenn diese auch vergangen,
Lebt er selbst noch in der Grösse
Seines eignen Geistes fort.

Im Jubel eines Weltensieges
Ertönte seines Mörders Ruf.
Nie stieg vom Grund der finstern Mächte
So grausenvolle That hervor,
Die mit des Wahn's Titanenkräften
Gewaffnet eines Frevlers Muth.
Mächt'ger als der Schlachtendonner,
Der Amerika durchdröhnte,
War das Wort: *Lincoln* ist hin!
Und der Sturmwind trug die Kunde
Ueber alle Oceane
Nach der Erde Küsten hin.

Nicht nur des freien Norden Staaten,
Die Völker alle sah'n auf ihn,
Denn mächtig hatte sich in *Lincoln*
Gestaltet jene Welt-Idee,
Die immer freier zur Entwicklung
Der Menschen geist'ges Wesen führt.
In dem Streite mit den Mächten,
Die aus frevler Selbstsucht wachsen,
Steigt der *Werth* des Menschen auf,

Der sie alle gleich berechtigt,
In der Kräfte freiem Ringen
Für einander wirken lässt.

Was seit der Menschen dunklen Mythen
In immer neuem Kampfe rang,
Und zur Entwicklung auch gehoben,
Doch immer wieder unterging,
Als Sklave an den Siegeswagen
Des Mächtigen gebunden war:
Menschenwesen und Gesittung,
Im Bewusstsein freier Kräfte,
Schwang sich mit der Sonne fort,
Um in neu entdeckten Ländern,
Mit des letzten Siegs-Gewissheit,
Im Entscheidungskampf zu steh'n.

Und *Lincoln* war es, als der *Eine*,
In dem des Volkes Willen lag,
In ihm erhoben und gekräftigt,
Zur edlen Wahrheit ausgeprägt,
Der von dem hohen Capitole
Vier Jahre lang den Kampf gelenkt.
Lincoln's Blut floss — ein Verhängniss,
Das wir seh'n mit Ahnungsschauer,
Denn das *Leben* ist im Tod.
Alles Grosse, was verherrlicht
Fortbesteht aus innern Kräften
Wird lebendiger im Tod.

Wenn sonst ein Mächtiger der Erde
Getroffen von dem Throne sank,
Verging das Reich, das er geschaffen,
Als seines Wahnes Gegenbild,
Doch was mit *Washington* geboren,
Gewann in *Lincoln* ew'ge Kraft.
Sein Gedanke war so mächtig,
Dass er selbst der Menschen Willen
Durch Jahrhunderte bezwingt.
Also senkt der Sternen-Pannier
Nieder auf den grossen Todten,
Seinem Geist zur Huldigung.

ANHANG D.

§. 147.

Europäische Touristen pflegten früher Amerika zu verspotten, weil es keine Geschichte habe. Die Zeit ist jetzt vorüber. Der Dichter, der Maler, der Bildhauer, der Roman- sowie der Geschichtsschreiber werden hier eine unerschöpfliche Quelle finden. Eine neue Literatur, ausgezeichnet durch Ereignisse, welche eben so tiefe Eindrücke auf das Gemüth machen, als irgend welche der Geschichte Englands, der Schweiz, Arabiens u. s. w., hat sich bereits eröffnet. Als Beispiel wählen wir folgendes einfache Gedicht, welches zufällig vor uns liegt.

Barbara Frietchie.

By John G. Whittier.

Up from the meadows rich with corn,
Clear in the cool September morn,

The cluster'd spires of Frederick stand,
Green-wall'd by the hills of Maryland.

Round about them orchards sweep,
Apple and peach tree fruited deep,

Fair as a garden of the Lord,
To the eyes of the famish'd rebel horde,

On that pleasant morn of the early Fall,
When Lee march'd over the mountain wall,

Over the mountains winding down,
Horse and foot, into Frederick town.

Forty flags with their silver stars,
Forty flags with their crimson bars,

Flapp'd in the morning wind: the sun
Of noon look'd down, and saw not one.

Op rose old Barbara Frietchie then,
Bow'd with her fourscore years and ten;

Bravest of all in Frederick town;
She took up the flag the men haul'd down.

In her attic-window the staff she set,
To show that one heart was loyal yet.

Up the street came the rebel tread,
Stonewall Jackson riding ahead.

Under his slouch'd hat left and right
He glanced: the old flag met his sight.

„Halt!" — the dust-brown ranks stood fast;
„Fire!" — out blazed the rifle-blast.

It shiver'd the window-pane and sash,
It rent the banner with seam and gash.

Quick, as it fell from the broken staff,
Dame Barbara snatch'd the silken scarf.

She lean'd far out on the window-sill,
And shook it forth with a royal will.

„Shoot, if you must, this old gray head —
But spare your country's flag!" she said.

A shade of sadness, a blush of shame,
Over the face of the leader came;

The nobler nature within him stirr'd
To life at that woman's deed and word.

„Who touches a hair of yon gray head
Dies like a dog! March on!" he said.

All day long through Frederick street
Sounded the tread of marching feet;

All day long that free flag toss'd
Over the heads of the rebel host.

Ever i.s torn folds rose and fell
On the loyal winds that loved it well;

And, through the hill-gaps, sunset light
Shone over it with a warm good-night.

Barbara Frietchie's work is o'er;
And the rebel rides on his raids no more.

Honor to her! and let a tear
Fall, for her sake, on Stonewall's bier.

Over Barbara Frietchie's grave,
Flag of Freedom and Union, wave!

Peace and order and beauty draw
Round thy symbol of light and law!

And ever the stars above look down
On thy stars below in Frederick town!

Druckfehler.

Seite	11,	Zeile	1	von oben	statt	Sklaven-Partei	lies Sklavenmacht.
„	51,	„	8	„ „	„	§. 123	lies §. 135.
„	79,	„	7	„ „	„	§. 138	„ §§. 141, 142 auch §. 134.
„	79,	„	13	„ unten	„	§. 132	„ §§. 135, 136.
„	80,	„	3	„ oben	„	§. 133	„ §. 135.
„	80,	„	1	„ unten	„	§. 58	„ §§. 58. 138.
„	88,	„	9	„ oben	„	§. 120	„ §. 122.
„	111,	„	8	„ „	„	§. 136	„ §. 138.
„	111,	„	6	„ unten	„	§. 140	„ §§. 134. 136. 142.

Zeitfracht Medien GmbH
Ferdinand-Jühlke-Straße 7
99095 Erfurt, Deutschland
produktsicherheit@kolibri360.de